Ustaca Sevmek

Don Miguel Ruiz

Türkçesi
Seda Toksoy

... ÖTESİ

USTACA SEVMEK

Don Miguel Ruiz

KİTABIN ÖZGÜN ADI
The Mastery of Love
Amber-Allen Publishing

TÜRKÇESİ
Seda Toksoy

YAYIN KOORDİNATÖRÜ
Nil Gün

YAYIN YÖNETMENİ
Seda Toksoy

YAYINA HAZIRLAYANLAR
Gülşen Sayın - Uğur Alkapar

KAPAK
Güneş Ali Yılmaz

İstanbul 2000
ISBN 975-8363-10-7

BASKI
Kitap Matbaacılık
Tel: 0212. 567 48 84

ÖTESİ YAYINCILIK
Sinan Ercan Cad. No: 34/33 81080 Erenköy-İstanbul
Tel: 0216. 445 22 14 - 380 29 24 Faks: 0216. 416 48 31
email: ötesi@kuraldisi.com
www.kuraldisi.com

Yalnızca sevgiyle değil, kanım ve köklerimle de bağlı olduğum anne babam, çocuklarım, kardeşlerim ve ailemin geri kalanına.

Koşulsuz sevgi, karşılıklı saygı ve sevgide ustalaşmaya dayalı bir aile kurma kararımız ile bağlı olduğum ruhsal aileme.

Zihinleri bu kitabın içerdiği sevgi tohumları için bereketli bir toprak olan insan aileme. Yaşamınızda sevginin tohumları açsın.

Sonsuzluğun ötesi içinizdedir

İçindekiler

Teşekkür

Bu kitaba tıpkı bir ana gibi sevgi ve adanmışlıkla biçim veren Janet Mills'e şükran duygularımı sunmak istiyorum.

Zaman ve sevgilerini vererek kitabı gerçekleştirmemize yardımcı olan kişilere de teşekkür ediyorum.

Son olarak da bu kitaba Yaşam veren ilham ve güzellikten ötürü Yaradanımıza şükranlarımı sunuyorum.

Sonsuzluğun ötesi içinizdedir

Toltek

Binlerce yıl önce, Meksika'nın güneyindeki Toltek "bilginin kadınları ve erkekleri" olarak biliniyordu. Antropologlar Toltekleri bir ülke ya da ırk olarak tanımlıyor. Oysa Toltek, kadim spiritüel bilgileri ve uygulamaları araştırmak ve korumak için bir toplum oluşturan bilim insanları ve sanatçılardı. Bu insanlar Teotihuacan'ın ustaları (nagual) ve öğrencileri olarak bir araya gelmişti. Teotihuacan, Mexico City'nin dışında "İnsanın Tanrı Olduğu" bir yer olarak bilinen çok eski bir piramitler şehridir.

Son bin küsur yıldır *nagual*lar atalarından öğrendikleri bilgeliği gizlemek ve varlıklarını büyük bir gizlilik içinde yürütmek zorunda kaldı.

Bir taraftan Avrupalıların topraklarını istila etmesi, diğer taraftan bırkaç çırağın, öğretileri kendi çıkarları uğruna sorumsuzca kullanması sonucu ustalar, bu bilgileri bilgece kullanmaya hazır olmayan kişilerden ya da bireysel kazanç uğruna bilerek yanlış kullanan insanlardan korumak gereğini duydular.

Neyse ki, ezoterik Toltek bilgisi, değişik soylardan gelen *nagual*lar tarafından korunarak nesilden nesle aktarıldı. Yüzlerce yıldır gizli tutulan bu saklı bilgilerin şimdi paylaşılma zamanı geldi.

Eski Toltek kehanetleri, içinde bulunduğumuz çağın bu bilgeliğe geri dönmenin gerekli olacağı çağ olduğunu söylüyor.

Şimdi, Eagle Knight soyundan gelen bir *nagual* olan don Miguel Ruiz, bizimle Toltek öğretilerini paylaşmak için görevlendirilmiş bir öğreticidir.

Toltek bilgisi, dünyanın dört bir yanında değişik ezoterik geleneklerde öğretilen aynı temel gerçeğin birliğinden yola çıkar. Toltek bir din değildir ama dünyaya gelmiş tüm spiritüel ustalara saygı duyar. Toltek öğretisi ruhu kucaklar ama onu "yaşam sanatı" olarak tanımlamak daha doğru olur. Çünkü mutluluk ve sevgiyi bilmenin yolunu kolay kılan bir öğretidir.

Bir Toltek,
sanatların en güzelini,
Düş Sanatını
durmaksızın yaratan
Sevgi sanatçısıdır,
Ruhun sanatçısı.

Yaşam bir düşten ibarettir,
eğer sanatçıysak bizler,
Sevgi ile yaratırız yaşamımızı
ve düşümüz bir başyapıta dönüşür.

Sonsuzluğun ötesi içinizdedir

Giriş: Üstat

Bir zamanlar bir üstat varmış. İnsanlar konuşmasını dinlemek için toplanmış. Söyledikleri harikulade imiş, sevgi sözcükleri ona kulak veren herkesin ta yüreğine işlemiş. Kalabalığın arasında bir adam, Üstadın ağzından çıkan her sözcüğü dinlemiş. Gönlü yüce olduğu kadar alçakgönüllüymüş de. Üstadın sözleri bu adamı öylesine derinden etkilemiş ki onu evine davet etmek istemiş.

Üstat konuşmasını bitirdiğinde kalabalığın içinden geçerek karşısına çıkan adam gözlerinin içine bakarak "Meşgul olduğunu, herkesin senin ilgini istediğini biliyorum" demiş, "Biliyorum, sözlerimi dinleyecek pek zamanın yok. Ama yüreğim öylesine açık, sana duyduğum sevgi öyle büyük ki seni evime çağırmak, senin için en güzel yemekleri hazırlamak istiyorum. Çağrımı kabul etmeni beklemiyorum ama içimdekileri sana bildirmeden edemedim."

Adamın gözlerinin ta içine bakmış Üstat, yüzü gülüşlerin en güzeliyle aydınlanmış ve "Hazırlığını yap" demiş, "Evine geleceğim."

Bu sözcüklerin adamın yüreğinde yarattığı sevinç çok büyükmüş. Üstada hizmet etmek, sevgisini dile getirmek için zamanın geçmesini sabırsızlıkla beklemiş. Yaşamının en önemli günüymüş bu; Üstat evinde, onunla birlikte olacakmış ya. Yiyeceklerin, şarapların en iyisini almış, Üstada armağan edeceği giysilerin en güzellerini seçmiş. Sonra hazırlıklarını tamamlayıp Üstadı ağırlamak için evine koşmuş. Bütün evi temizlemiş, yemeklerin en lezizlerini pişirmiş, güzel mi güzel bir sofra kurmuş. Üstat çok geçmeden orada olacağı için yüreği sevinç doluymuş.

Kapısı çalındığında kaygı içinde beklemekteymiş adam. Yerinden fırlayıp kapıyı açmış. Açmış ama Üstat yerine yaşlı bir kadın durmaktaymış karşısında. Kadın gözlerinin içine bakarak "Açlıktan ölüyorum" demiş, "Bana bir parça ekmek verebilir misin?"

Gelen Üstat olmadığı için hafifçe düş kırıklığına uğramış adam. Kadına bakıp, "Buyur, gir içeri" demiş. Kadını Üstat için hazırladığı yere oturtup onun için pişirdiği yemekleri sunmuş. Adamın cömertliği yaşlı kadına dokunmuş. Teşekkür etmiş, çıkıp gitmiş.

Adam sofrayı Üstat için dara dar yeniden düzenlemiş ki yine kapısına vurulmuş. Bu kez de çölü geçen başka bir yabancıymış karşısındaki. Yabancı, adamın yüzüne bakıp, "Çok susadım" demiş, "Bana içecek bir şeyler verebilir misin?"

Gelen Üstat olmadığı için adam bu işe yine bozulmuş biraz. Yabancıyı evine buyur edip Üstat için hazırladığı yere oturtmuş. Üstada ikram etmeye niyetlendiği şarabı sunmuş. Yabancı gittiğinde ortalığı Üstat için bir kez daha düzenlemiş.

Kapı yeniden çalınmış. Açtığında küçük bir çocuk görmüş adam. Çocuk yüzüne bakıp, "Üşüyorum" demiş, "Sarınabileceğim bir battaniye verebilir misin bana?"

Gelen Üstat olmadığı için adam biraz bozulmuş. Ama çocuğun gözlerine bakmış ve sevmiş onu. Üstat için aldığı giysileri çabucak toparladığı gibi çocuğu bunlarla sarıp sarmalamış. Çocuk teşekkür edip yoluna gitmiş.

Adam Üstat için her şeyi bir kez daha hazır etmiş, geç saatlere dek beklemeye koyulmuş. Üstadın gelmeyeceğini anladığında yüreğinde düş kırıklığı duymuş ama Üstadı hemencecik de bağışlayıvermiş. Kendi kendine, "Üstadın benim yoksul haneme gelmesini beklememem gerektiğini biliyordum" demiş. "Gerçi geleceğini söylemişti ama başka bir yerde çok daha önemli bir şey onu alıkoymuş olmalı. Üstat gelmedi ama en azından geleceğini söyledi. Yüreğimin mutlulukla dolması için bu da yeter."

Yavaş yavaş yemekleri ve şarabı kaldırmış, yatmaya gitmiş. O gece düşünde Üstadın evine geldiğini görmüş. Onu gördüğü için mutlu olmuş adam, gördüğünün düş olduğunu bilmiyormuş. "Geldin Üstadım! Sözünü tuttun."

"Evet" diye karşılık vermiş Üstat. "Ama ben buraya daha önce de geldim. Açtım, doyurdun. Susuzdum, şarap verdin bana. Üşüyordum, bedenimi giysilerle örttün. Başkaları için ne yaparsan benim için yaparsın."

Adam uyanmış. Mutluluk doluymuş yüreği, çünkü Üstadın kendisine ders verdiğini anlamış. Üstat onu öyle çok seviyormuş ki derslerin en büyüğünü vermek için üç insan göndermiş.

Üstat herkesin içinde yaşar. Açlık çeken birisine yiyecek, susayana su verdiğinde, üşüyeni sarıp sarmaladığında sevgini sunduğun Üstattır.

Sonsuzluğun ötesi içinizdedir

1

Yaralı Zihin

Belki hiç böyle düşünmemişsinizdir ama içimizdeki bir düzlemde hepimiz birer üstadız. Üstadız, çünkü kendi yaşamlarımızı yaratma ve yönetme gücüne sahibiz.

Tıpkı dünyanın dört bir yanındaki toplum ve dinlerin inanılmaz mitolojiler yaratması gibi biz de kendimizinkini yaratıyoruz. Kişisel mitolojimiz kahramanlar ve kötü insanlar, melek ve şeytanlar, krallar ve halklarıyla dolu. Kendimiz için yarattığımız pek çok kişiliği de içine alan bütün bir kalabalık yaratıyoruz. Sonra da belli durumlarda takınacağımız maskeyi kusursuz bir hale getiriyoruz. Rolümüzü sahneleyip oynamanın, olduğumuza inandığımız şeyi canlandırmanın ustaları haline geliyoruz. Başkalarıyla karşılaştığımızda hemen kafamızda ait oldukları sınıflara yerleştiriyor, yaşamlarımızda bir rol veriyoruz onlara. Kim olduklarına inandığımıza göre bir imge yaratıyoruz onlar için. Çevremizdeki her şey ve kişi için aynı şeyi yapıyoruz.

Yaratma gücü sizin elinizde. Gücünüz öylesine büyük ki inandığınız her şeyi gerçekleştiriyor. Ne olduğunuza inanıyorsanız kendinizi buna göre yaratıyor, gerçekleştiriyorsunuz. Şimdi olduğunuz gibisiniz, çünkü kendinize ilişkin inancınız bu. Gerçekliğinizin bütünü, inandığınız her şey sizin kendi yarattıklarınız. Pek çok açıdan başkalarına benzeyebilirsiniz, ama bütün dünyada başka hiç kimse yaşamını sizin gibi yaşamaz.

Yaşamınız boyunca şimdi olduğunuz gibi olmanın uygulamasını yaptınız. Bunu da öylesine iyi yapmaktasınız ki ne olduğunuza inanmışsanız onu ustaca gerçekleştiriyorsunuz. Kişiliğinizi, inançlarınızı, her bir eyleminizi, tepkilerinizin her birini ustaca yontuyor, ortaya çıkarıyorsunuz. Yıllar ve yıllar boyunca çalışıyor ve ustalığınızı, olduğunuza inandığınız şeyi gerçekleştirecek dereceye ulaştırıyorsunuz. Hepimizin birer usta olduğunu kavradığımızda bunun nasıl bir ustalık olduğunu da görebiliriz.

Çocukken bir anlaşmazlık yaşadığımızda öfkeleniriz. Her nedense öfke sorunu ortadan kaldırır, istediğimiz sonuca ulaşırız. Bir sonraki sefer yine aynı şey olur, tepkimizi öfkeyle gösterir ve öfkenin sorunu ortadan kaldırdığını öğreniriz. Birer öfke üstadı haline gelene dek öfke uygulamasını pekiştirdikçe pekiştiririz.

Kıskançlık, keder, kendini yadsımanın ustaları haline de aynı şekilde geliriz. Kendimizle bir anlaşma yapar, bu anlaşmanın gereğini kusursuz bir şekilde yerine getirene dek durmadan üzerinde çalışırız. Düşünce, hissediş, davranış biçimimiz öylesine kanıksanır ki dikkatimizi yaptığımıza yöneltmemiz gereksiz hale gelir. Davranışımız etki-tepki zinciri üzerine kuruludur artık.

Sevgi ustaları olmak için de durmadan uygulamamız gereken sevgidir. İlişki sanatı başlıbaşına bir ustalık konusudur. Ustalığa erişmenin yegane yolu ise uygulamadır. Bu nedenle ilişki ustalığı eylemden geçer. Bu ustalığın oyun alanı kavramlar ve bilgi edinmek değil, eylemdir, davranışın kendisidir. Kuşkusuz eylem için bilgiye ya da en azından insan davranışının doğası üzerine biraz daha fazla farkındalığa sahip olmamız gerekmektedir.

Üzerindeki herkesin bir deri hastalığına tutulmuş olduğu bir gezegende yaşadığınızı hayal etmenizi istiyorum. İki üç bin yıl boyunca gezegeninizdeki insanlar aynı rahatsızlığı çekmiş olsun. Bu insanların bedenleri iltihaplanmış, dokunulduğunda çok acıyan yaralarla kaplı. Onlar elbette derinin doğal yapısının bu olduğuna inanacaklardır. Tıp kitapları bile bu hastalığı bedenin doğal durumu olarak tanımlar. Bu gezegen insanları sağlıklı ciltlerle doğar. Ama üç dört yaş sırasında ilk yaralar belirmeye başlar. Yetişkinliğe adım attıklarında yaralar bedenlerini baştan aşağı kaplamıştır.

Bu insanların birbirlerine nasıl davranacağını canlandırabiliyor musunuz? Birbirleriyle ilişki kurmak için yaralarını sakınmaları gerekir. Acısı çok büyük olduğu için birbirlerinin tenine dokunmakta büyük zorluk çekerler. Kazayla birisine dokunacak olsanız canı öyle yanar ki öfkeyle dolar ve aynı şeyi yapmak için o da size dokunur. Ama sevme güdüsü hala çok güçlüdür, bu yüzden de başkalarıyla ilişki kurmak için yüksek bedeller ödemek zorunda kalırsınız.

Günün birinde gezegende bir mucize gerçekleşir. Bir sabah uyandığınızda bir bakarsınız ki cildiniz bütünüyle iyileşmiş. Yara bere kalmamış, dokunmak canınızı yakmaz olmuş. Deri algılamak için varolduğundan sağlıklı cilde dokunmanın duygusu olağanüstüymüş.

Herkesin cildinin hasta olduğu bir yerde sağlıklı bir deriye sahip olarak yaşadığınızı düşünebiliyor musunuz? Başkalarına dokunamıyorsunuz, canları yanıyor, başkaları da size dokunmuyor, bunun canınızı acıtacağını sanıyorlar.

Eğer böyle bir şeyi hayal edebilirseniz başka bir gezegenden bizi ziyaret etmek için gelen birisinin de insanlarla benzeri bir deneyim yaşayacağını anlayabilirsiniz. Ama yaralarla kaplı olan derimiz değil. Bu durumda konuğun ortaya çıkaracağı şey, insan zihninin korku adı verilen bir hastalığa yakalanmış olduğu olacaktır. Duygusal beden tıpkı mikrop kapmış cilt gibi yara doludur. Bu yaralar da duygusal zehirle iltihaplanmıştır. Korku hastalığının belirtileri öfke, nefret, kıskançlık ve ikiyüzlülüktür. Sonucu ise insana acı çektiren bütün duygular.

Zihinsel olarak bütün insanlar aynı hastalığın pençesindedir. Hatta bir adım daha ileri gidip bu dünyanın bir akıl hastanesi olduğunu bile söyleyebiliriz. Ama bu akıl hastalığı dünyaya kök salalı binlerce yıl olmuştur. Onun için de tıp, psikiyatri ve psikoloji kitapları rahatsızlığı olağan olarak tanımlamaktadır. Onlar hastalığa bu gözle baksa da ben size bunun hiç de normal olmadığını söyleyebilirim.

Korku çok büyüdüğünde mantıklı zihin çalışamaz ve zehir dolu o yaraları artık kabul edemez hale gelir. Psikoloji kitaplarında bunu bir akıl hastalığı olarak adlandırırız. Adına şizofreni, paranoya, psikoz deriz. Ama bu hastalıklar mantıklı zihnin korku içinde olmasından, yaraların acısından doğar. Korku ve acı öyle bir noktaya ulaşmıştır ki dış dünyayla bütün ilişkiyi kesmek daha iyi olacaktır.

İnsanlar sürekli bir yaralanma korkusu içinde yaşıyor. Bu da nereye gidersek gidelim büyük bir dram yaratıyor. İnsanların birbirleriyle ilişki kurması duygusal olarak öylesine acı verici ki görünürde hiçbir neden yokken öfkeye, kıskançlığa, üzüntüye kapılıyoruz. "Seni seviyorum" demek bile korkutucu olabiliyor. Duygusal etkileşim acı ve korku dolu olsa da ilişkiye giriyor, evlenip çocuk sahibi oluyoruz.

Duygusal yaralarını savunmak amacıyla ve yaralanmaktan korktukları için insanlar zihinlerinde son derece ince işlenmiş bir şey yaratıyor. Büyük bir yadsıma sistemi bu. Geliştirdiğimiz bu sistemle kusursuz birer yalancıya dönüşüyoruz. Öylesine yalan söyler oluyoruz ki bunu kendimize karşı da yapmaya, hatta kendi yalanlarımıza inanmaya başlıyoruz. Yalan söylemekte olduğumuzu fark etmiyoruz. Yalan söylediğimizi bildiğimiz kimi zamanlar da kendimizi yaralarımızın acısına karşı korumak için yalanı aklayıp bağışlıyoruz.

Yadsıma sistemi gözlerimizi gerçeğe körleştiren bir sis perdesi gibi. Kendimizi görmek ya da başkalarına gerçekte ne olduğumuzu göstermek çok fazla acı vereceği için yüzümüze toplumsal bir maske geçiriyoruz. Yadsıma sistemi, başkalarının bizim hakkımızda inanmalarını istediğimiz şeylere inandığını sanmamızı sağlıyor. Bu engelleri, korunmak, başkalarını kendimizden uzak tutmak için koyuyoruz ama engeller özgürlüğümüzü sınırlayarak bizi de kendi içimizde tutsak ediyor. İnsanlar kendilerini saklıyor, koruyor. Birisi size, "Tepemi attırdın", dediğinde bu pek de gerçeği yansıtmıyor. Gerçek, zihnindeki bir yaraya dokunduğunuz ve acı duyduğu için tepki gösteriyor olması.

Çevrenizdeki herkesin duygusal zehir içeren duygusal yaraları olduğunun bilincine vardığınızda Tolteklerin cehennem düşü diye adlandırdıkları şeyde insanların gerçekleştirdiği ilişkileri rahatlıkla anlayabilirsiniz. Toltek açısından kendimiz ve dünyamıza ilişkin bütün inançlarımız bir düştür. Cehennemin herhangi bir dinsel tanımına bakacak olursanız bu, düşlediğimiz şekliyle insan toplumudur. Cehennem acı çekilen, korku duyulan, savaş ve şiddetin sergilendiği, yargılama ve adaletsizliğin kol gezdiği, sonu gelmez cezalandırmaların sürüp gittiği yerdir. Yırtıcı hayvanlar yuvası balta girmemiş bir ormanda yargı, utanç, suçluluk dolu, kıskançlık, öfke, nefret, keder ve acının zehirlediği duygular içinde çırpınan insanlar birbirleriyle savaşır. Zihnimizdeki bütün bu küçük şeytanları yaşamlarımızda cehennemi düşlemeyi öğrendiğimiz için yaratıyoruz.

Her birimiz kendimiz için kişisel bir düş kuruyoruz. Ama bizden önceki insanlar büyük bir dış düş yaratmış. Dış Düş ya da Gezegenin Düşü milyonların ortak Düşüdür. Büyük Düş bütün toplum kurallarını, yasalarını, dinleri, farklı kültür ve varoluş biçimlerini içine alır. Zihnimizde saklı bütün bu bilgi kafamızın içinde aynı anda konuşan bin bir ses gibidir. Toltekler buna *mitote* adını verir.

Gerçek biz saf sevgidir; biz Yaşamız. Gerçek bizin Düşle hiçbir ilgisi yoktur. Ancak *mitote* bizi gerçekte ne olduğumuzu görmekten alıkoyar. Düşe bu açıdan baktığınızda, ne olduğunuzun da ayırdındaysanız insanların davranışı ardındaki anlamsızlığı görürsünüz. Gözünüzde gülünçleşir bu saçmalık. Başkaları için büyük bir dram olan sizin için güldürüye dönüşür. İnsanların önemsiz, gerçek bile olmayan bir şey uğruna acı çektiklerini görürsünüz. Ama seçeneğiniz yoktur. Bu toplumda doğuyor, büyüyor, sürekli saçma bir oyun oynayıp daha da saçma şeylerle savaşarak başkaları gibi olmayı öğreniyoruz.

Herkesin farklı bir duygusal zekaya sahip olduğu bir gezegende konuk olduğunuzu canlandırın. Birbirleriyle ilişki kurma biçimleri her zaman mutluluk, sevgi ve barış dolu. Günün birinde bu gezegende uyandığınızı, duygusal bedeninizdeki yaraların geçmiş olduğunu hayal edin. Kim olduğunuzdan artık korkmuyorsunuz. Başkalarının söyledikleri, yaptıkları ne olursa olsun canınızı yakmaz oluyor, üzerinize alınmıyorsunuz. Kendinizi savunmaya gerek kalmamış. Sevmekten, paylaşmaktan, yüreğinizi açmaktan korkmuyorsunuz artık. Ama tek başınasınız. Duygusal olarak yaralı, korkunun hasta ettiği insanlarla nasıl ilişki kurabilirsiniz?

İnsan dünyaya geldiğinde duygusal zekası, duygusal bedeni bütünüyle sağlıklıdır. Üç dört yaş dolaylarında duygusal zekada ilk yaralar açılmaya ve duygusal zehirle iltihaplanmaya başlar. Ama iki, üç yaşlarındaki çocukların davranışını gözlemlediğinizde sürekli oyun oynadıklarını görürsünüz. Sürekli gülerler. Düş güçleri engindir. Onlar için hayal kurmak bir keşif serüvenidir. Gerektiğinde tepki gösterir, kendilerini savunurlar ama sonra olanı olduğu yerde bırakıp dikkatlerini yeniden yaşanan ana, oyuna, keşif ve eğlenceye çevirirler. Anda yaşarlar. Geçmişin utancını duymaz, gelecek konusunda tasalanmazlar. Küçük çocuklar hissettiklerini ifade eder, sevmekten korkmaz.

Yaşamımızdaki en mutlu anlar tıpkı çocuklar gibi yalnızca eğlenmek için oyun oynadığımız, şarkı söyleyip dans ettiğimiz, keşfedip yarattığımız anlardır. Bir çocuk gibi davranmak harikuladedir, çünkü budur insan zihninin olağan durumu, insanın olağan eğilimi. Çocukken masumuz, sevgiyi ifade etmek bizim için doğal. Ama sonra ne oluyor bize? Bütün dünyaya?

Olan, biz çocukken çevremizdeki yetişkinlerin çok da bulaşıcı bu zihinsel hastalığa yakalanmış olmaları. Hastalığı bize nasıl bulaştırıyorlar? Aklımızı çeliyor, bize de kendileri gibi olmayı öğretiyorlar. Hastalığı biz çocuklarımıza, anne babamız, öğretmenlerimiz, büyük kardeşlerimiz, mikrobun içine girdiği bütün bir toplum da bize işte böyle aktarıyor. Dikkatimizi çekiyor, yineleme yoluyla bilgiyi zihinlerimize yerleştiriyorlar. İnsan zihnini böylece programlıyoruz.

Sorun programda, zihnimizde biriktirdiğimiz bilgide. Dikkatlerini çekerek çocuklara bir dili, okumayı, nasıl davranacakları ve düş kuracaklarını öğretiyoruz. Ceza ve ödüllerle bir köpek ya da başka bir hayvanı nasıl evcilleştiriyorsak insanları da öyle evcilleştiriyoruz. Eğitim diye adlandırdığımız şey insanın evcilleştirilmesinden öte bir şey değil.

Cezalandırılmaktan korkuyoruz, sonraları bu korkumuza ödüllendirilmeme, anne baba, kardeş ya da öğretmenin gözünde yeterince iyi olmama korkusu da ekleniyor. Kabul edilme gereksinimi böylece doğuyor. Bundan önce kabul edilip edilmemeye aldırmıyoruz. İnsanların ne düşündüğü bizim için önemli değil. Önemli değil, çünkü önceleri bütün istediğimiz oyun oynamak ve anda yaşamak.

Ödüllendirilmeme korkusu geri çevrilme korkusuna dönüşüyor. Bizi değişmeye, maske takmaya iten, başka birisinin gözünde yeterince iyi olmama korkusu. Sonra da sadece kabul edilmek, ödülü almak için bizden istenilene göre biçimlenen bu maskeye can vermeye çalışıyoruz. Anne baba, öğretmen, dinimiz ya da her ne ise onun nezdinde iyi sayılmak için olmadığımızı olmuş gibi davranmayı, başka birisi olmayı öğreniyoruz. Uygulamayı sürdürdükçe sürdürüyor, olmadığımızı olmada ustalaşıyoruz.

Kısa bir süre sonra gerçekte kim olduğumuzu unutuyor, maskelerimizi yaşamaya koyuluyoruz. Tek bir maske de takmıyor, sayıları ilişki kurduğumuz gruplarla büyüyen benlik imgeleri (imaj) yaratıyoruz. Evde, okulda taktığımız maskeler var, büyüdükçe maskelerimizin sayısı da artıyor.

Bu, kadınla erkek arasındaki yalın bir ilişkide de geçerli. Kadının başkalarına yansıtmaya çalıştığı dışsal bir imgesi var, ama yalnızken kendisine ilişkin başka bir imge taşıyor. Erkeğin de dışsal ve içsel imgeleri farklı. Büyüdükçe iç ve dış imgeler arasındaki fark o kadar büyüyor ki birbirleriyle uyuşmaz hale geliyorlar. Kadın erkek ilişkisinde işin içinde böylece en azından dört imge oluyor. Bu durumda birbirlerini nasıl tanıyabilirler? Tanıyamıyorlar. Yalnızca imgeyi anlamaya çalışıyorlar. Ama anlaşılması gereken birden çok imge var.

Erkek kadınla karşılaştığında kendi kafasında kadına ilişkin bir imge yaratıyor. Aynı şeyi kadın da erkek için yapıyor. Sonra erkek kadını onun için yarattığı imgeye uydurmaya, kadın da aynı şeyi erkek için yapmaya çalışıyor. Böylece aralarındaki imge-maske kalabalığı altıya ulaşmış oluyor. Bu arada yaptıklarının bu olduğunu bile bilmeden birbirlerine elbette yalan söylüyorlar. İlişkileri korku ve yalan üzerine kurulu, gerçek üzerine değil, çünkü gerçek sis perdesinin ardında.

Küçük birer çocukken olduğunu iddia ettiğimiz imgelerle aramızda bir çatışma yoktur. İmgelerimiz dış dünya ile etkileşime girip anne babamızın korumasından çıkana dek gerçek bir zorlanmayla karşılaşmaz. Erişkinliğe ilk adımların atılması işte bundan ötürü böylesine zor geçer. İmgelerimizi destekleyip korumak için hazırlıklı olsak da maskelerimizi sunduğumuz anda dış dünyanın direnciyle karşılaşırız. Dış dünya hem kapalı kapılar ardında hem de herkesin gözü önünde olduğumuzu iddia ettiğimiz gibi olmadığımızı kanıtlamaya çalışır.

Çok zeki olduğunu iddia eden bir yeni yetme örneğini alalım. Okulda bir tartışmaya katılır, tartışmayı daha zeki, daha iyi hazırlanmış başka birisi kazanarak delikanlıyı herkesin karşısında küçük düşürür. Arkadaşlarına imgesini bağışlatıp doğrulamaya çalışacaktır. Herkesle iyi geçinerek yitirdiğini kazanmaya çalışacaktır ama yalan söylemekte olduğunu bilir. Görüntüsünü kurtarmak için elinden geleni yapar elbette ama kendi kendisiyle yalnız kalır kalmaz gidip aynayı kırar. Kendinden nefret etmektedir; öylesine aptal, berbat hisseder kendini. İç imgeyle dışa yansıtılan imge, maske arasında derin bir uçurum açılmıştır. Ayrım büyüdükçe toplum Düşüne ayak uydurmak o kadar güçleşir, kendisini de o kadar az sever.

Olduğunu ileri sürdüğü imgeyle yalnızken yaşadığı iç imge arasına yalan üzerine yalan yığılır. Her ikisi de gerçeklikle bütün bağlarını yitirir. Sahtedirler ama o bunu göremez. Belki başka birisi görebilir ama o bütünüyle kördür. Yadsıma sistemi yaralarını savunmaya çalışır ama yaralar gerçektir ve canı acır, çünkü canını dişine takarak savunmaya çalıştığı şey bir imgedir.

Çocukken herkesin görüşünün önemli olduğunu öğrenir, yaşamlarımızı bu görüşlere göre yönetiriz. Birişinin gerçek bile olmayan basit bir düşüncesi bizi cehennemin derinliklerine itmeye yetebilir; "Çirkinsin. Yanılıyorsun. Aptalsın." Görüşlerin cehennemde yaşayan insanların anlamsız davranışları üzerinde büyük bir gücü vardır. İşte bu nedenle iyi, güzel olduğumuzu, doğru davrandığımızı duymaya gereksiniriz. "Nasıl görünüyorum? Söylediğimi nasıl buldun? Tavrım nasıl?"

Evcilleştirildiğimiz ve bu görüşlerle yönlendirildiğimiz için başkalarının düşüncelerini bilmeye gereksiniriz. Başkalarının onayına ihtiyaç duymamızın nedeni budur. Başka insanların duygusal desteğine, başkaları aracılığıyla dış Düş tarafından kabul edilmeye gereksiniriz. İşte bunun için buluğ çağında insanlar alkol, uyuşturucu, tütün tüketimine yönelir. Kafamızı doldurup taşıran bütün o görüşlerin sahibi insanlar tarafından kabul edilmek, "kıyak" bulunmak için.

Yansıtmaya çalıştığımız sahte imgeler yüzünden ne çok insan acı çekiyor. İnsanlar çok önemli olduklarını iddia ederken bir yandan da bir hiç olduklarına inanıyor. Başkalarınca tanınıp kabul görmek amacıyla bu toplum Düşünde bir rol kapabilmek için didinip duruyoruz. Dişimizle tırnağımızla girdiğimiz her savaşımdan galip çıkmaya, güç, servet, ün sahibi olmaya, kişisel düşümüzü ifade edip çevremizdekilere zorla benimsetmeye çabalıyoruz. Neden? İnsanlar Düşü gerçek sandığı, çok da ciddiye aldığı için.

2

Yitirilen Masumluk

İnsanlar doğaları gereği son derece duyarlı varlıklardır. Böylesine duygusal olmamızın nedeni her şeyi duygusal beden aracılığıyla algılayışımız. Duygusal beden belli frekansları almak için ayarlanabilen bir radyo gibidir. İnsanın doğal frekansı evcilleştirilmeden önce yaşamın keşfi ve keşfin çıkarılan tadıdır, sevgiye ayarlıdır varlığımız. Çocukken kafamızda soyut bir sevgi tanımı yoktur. Olanca yalınlığıyla sevgiyi yaşarız. Bu bizim oluş biçimimizdir.

Duygusal bedenin bizi bir şeylerin yanlış yolda olduğuna uyaran bir alarm sistemi gibi çalışma özelliği vardır. Aynı şey fiziksel beden için de geçerlidir. Onun da bizi bedenimizde gerektiği gibi çalışmayan bir şeye karşı bir uyarma yolu vardır. Acı deriz adına. Acı hissettiğimizde bunun nedeni bedenimizde dikkatimizi çevirip iyileştirmemiz gereken bir şey olmasıdır. Duygusal bedenin alarm sistemi de korkudur. Korku hissettiğimizde bunun nedeni bir şeylerin gereği gibi olmamasıdır. Belki de yaşamımızı yitirme tehlikesiyle karşı karşıyayızdır.

Duygusal beden duyguları algılar ama bunu gözlerin aracılığıyla değil duygusal beden yoluyla yapar. Çocuklar duyguları mantıklı zihinleriyle yorumlayıp sorgulamaksızın yalnızca hisseder. Çocuğun kimi insanları kabul edip kimilerini reddetmesinin nedeni budur. Birisine güvenmediklerinde bu insanın yansıttığı duyguları hissedebildikleri için kabul etmezler onu. Çocuklar karşılarındakinin öfkeli olduğunu rahatça algılayabilir. Alarm sistemleri hafif bir korku doğurur. Bu da onları uzak durmaları konusunda uyarır. Uyarıyı dinler uzak da dururlar.

Duygusal olmayı evimizdeki duygusal enerji ve bu enerjiye gösterdiğimiz kişisel tepki ile öğreniriz. Kendilerini savunmayı ve farklı durumlara uyum sağlamayı nasıl öğrendiklerine bağlı olarak erkek ve kız kardeşlerin her birinin farklı biçimde tepki göstermesinin nedeni budur. Ana babamız sürekli kavga ettiğinde, aralarında uyumsuzluk, saygısızlık ve yalan varsa duygusal açıdan onlar gibi olmayı öğreniriz. Bize kendileri gibi olmamayı, yalan söylememeyi söyleseler de ana babamızın, bütün ailemizin duygusal enerjisi dünyayı aynı şekilde algılamamıza yol açar.

Evimizdeki duygusal enerji duygusal bedenimizi kendi frekansına ayarlar. Duygusal beden kendi ayarını değiştirmeye başlar ve insanın doğal durumundan uzaklaşır. Yetişkinlerin, Dış Düşün oyununu oynar ve kaybederiz. Saflığımızı yitiririz, özgürlüğümüzü, mutluluğumuzu, sevme eğilimimizi yitiririz. Değişmeye zorlanır ve başka bir dünyayı, başka bir gerçekliği algılamaya başlarız. Adaletsizliğin, duygusal acının, duygusal zehrin gerçekliğidir bu. Cehenneme hoş geldiniz, insanların yarattığı, Gezegenin Düşü olan cehenneme. Kendimizi bu cehennemde buluruz ama kişisel olarak onu yaratan biz değilizdir. Doğumumuzdan önce oradadır bu cehennem.

Çocukları izlediğinizde sevgi ve özgürlüğün gerçekten de yok edildiğini görebilirsiniz. İki üç yaşlarında parkta oradan oraya koşturarak eğlenen bir çocuk düşünün. Annesinin gözü küçüğün üzerinde, düşüp yaralanmasından korkmakta. Bir noktada çocuğu durdurmak istiyor, küçükse bunun da oyunun bir parçası olduğunu sanıp daha da hızlı koşturmaya başlıyor. Yakındaki yoldan arabalar geçiyor. Annenin korkusu daha da büyüyor. Sonunda yetişip yakalıyor yavrusunu. Çocuk annenin oyuna katılmasını beklerken yüzüne bir tokat yiyiveriyor. Çocuk altüst oluyor. Çocuğun mutluluğu içinden yayılan sevginin ifadesiydi, annenin neden bu şekilde davranmış olduğunu anlamıyor. Yaşadığı böylesine şoklar zaman içinde sevgiyi parça parça öldürür. Çocuk sözcükleri anlamıyor ama o halinde bile "Neden?" diye sorabiliyor.

Koşup oynamak bir sevgi ifadesi. Ama güvenli olmaktan çıkıyor, çünkü sevgini gösterecek olursan annen baban seni cezalandırıyor. Odana yolluyorlar seni, istediğini yapmana izin vermiyorlar. Kötü bir çocuk olduğunu söylüyor engelliyorlar, cezalandırılıyorsun.

Bu ödül ve ceza sisteminde adalet-adaletsizlik, haklılık-haksızlık duygusu var. Adaletsizlik duygusu bıçak gibi duygusal bir yara açıyor zihinde. Sonra, adaletsizliğe gösterdiğimiz tepkiye göre yara duygusal zehirle iltihaplanıyor. Neden kimi yaralar iltihaplanır? Başka bir örneği ele alalım.

İki üç yaşında olduğunuzu hayal edin. Mutlusunuz, oynuyor, keşfediyorsunuz. Neyin iyi, neyin kötü, neyin doğru, neyin yanlış olduğunun, neyi yapmanız, neyi yapmamanız gerektiğinin bilincinde değilsiniz, çünkü henüz evcilleştirilmemişsiniz. Oturma odasında elinize geçirdiğiniz her şeyle oynuyorsunuz. Hiçbir kötü niyetiniz yok, hiçbir şeye zarar vermek istemiyorsunuz, ama oynamakta olduğunuz babanızın gitarı. Sizin için bir oyuncaktan ibaret. Babanıza zarar vermek gibi bir niyetiniz hiç mi hiç yok. Ama babanızın tersliğinin üzerinde olduğu bir gün. Kafası işiyle ilgili sorunlarla dolu. Oturma odasına giriyor ve sizi kendi eşyalarıyla oynarken buluyor. Kan beynine sıçrıyor, kolunuzdan yakaladığı gibi tokadı basıyor.

Sizin açınızdan bu bir haksızlık. Babanız gelip öfkelenerek sizin canınızı yakmış. Babanız o, bütünüyle güvendiğiniz insan. Sizi doğal olarak koruyan, oyun oynamanıza, sizin siz olmanıza izin veren birisi. Ama bütün bunlarla hiç bağdaşmayan bir şey olmuş az önce. Haksızlığın böylesi yüreğinizde bir acı gibi. Duyarlı bir hale geliyorsunuz; canınız yanıyor, sizi ağlatıyor yaşadığınız şey. Ama gözyaşlarınızın nedeni yediğiniz sille değil yalnızca. Sizi yaralayan fiziksel şiddet değil; haksız olduğunu hissettiğiniz duygusal şiddet. Hiçbir şey yapmıyordunuz ki.

Böylesi bir haksızlık zihninizde bir yara açar. Duygusal bedeniniz yara alır ve o anda saflığınızın küçük bir parçasını yitirirsiniz. Babanıza her zaman güvenemeyeceğinizi öğrenirsiniz. Zihniniz analiz yapmadığı için bunu henüz bilmese de anlar; "Güvenemem." Duygusal bedeniniz güvenemeyeceğiniz bir şeyler olduğunu ve bu şeyin yinelenebileceğini söyler size.

Tepkiniz korku olabilir, öfke, utanç ya da yalnızca ağlamak olabilir. Ama bu tepki şimdiden duygusal zehir olmuştur, çünkü evcilleştirilmeden önceki doğal tepkiniz babanızın size tokat attığı, sizin de buna karşılık vermek istediğiniz yönündedir. Siz de ona vurursunuz ya da sadece elinizi kaldırmaya yeltenirsiniz. Bu babanızın tepesini daha da attırır. Ona el kaldırmanıza babanızın gösterdiği tepki daha da kötü bir cezaya yol açar. Artık işinizi bitireceğini biliyorsunuzdur. Babanızdan korkmaya başlar, kendinizi savunmaktan vazgeçersiniz, bunun her şeyi daha da kötüleştireceğini anlamışsınızdır.

Neden olduğunu bilemezsiniz ama babanızın sizi öldürebileceğini bilirsiniz. Bu da zihninizde derin bir yara açar. Bundan önce zihniniz bütünüyle sağlıklıydı. Bundan sonra mantıklı zihin deneyim karşısında bir şey yapmak istedi. Tepkilerinizi belli bir şekilde, kişisel yolunuzdan göstermeyi öğrenirsiniz. Bu duyguyu içinizde tutarsınız, bütün yaşama biçiminizi değiştirir. Deneyim daha da sık yinelenmeye başlar. Haksızlık anne babadan, kardeşler, teyzeler, amcalardan, okul ve toplumdan, herkesten gelecektir. Her bir korkuyla kendinizi savunmayı öğrenirsiniz. Ama savunma biçiminiz kendinizi savunup oynamaya devam ettiğiniz evcilleştirilmenizden önceki gibi olmaz.

Artık yaranın içinde başlangıçta fazla sorun olmayan bir şey vardır; duygusal zehir. Duygusal zehir birikir, zihin bu zehirle oynamaya başlar. Geleceğe ilişkin tasalanmaya başlarız, çünkü zehrin anısı içimizdedir, bir daha aynı şeyi yaşamak istemeyiz. İçimizde gördüğümüz kabulün de anıları vardır. Anne babamızın bize iyi davrandığını, uyum içinde yaşadığımızı da anımsarız. Uyum ister ama nasıl yaratacağımızı bilemeyiz. Kendi algımızın baloncuğu içinde olduğumuzdan çevremizde ne olursa olsun bizim yüzümüzdenmiş gibi gelir. Bizimle hiçbir ilgisi olmasa bile anne babamızın bizim yüzümüzden kavga ettiğini sanırız.

Saflığımızı parça parça yitirir, küskünlük duymaya başlar, bağışlamaz oluruz. Zamanla böylesi olaylar bize gerçekte olduğumuz gibi olmanın güvenli olmadığını öğretir. Elbette bu zeka ve eğitim derecesine göre insandan insana değişecektir. Pek çok şeye bağlıdır. Şansınız varsa evcilleşmeniz o kadar da güçlü, yaralarınız derin olmaz. Ama bu kadar talihli değilseniz ağzınızı bile açmaktan korkar hale geleceğiniz kadar şiddetli bir şekilde evcilleştirilirsiniz, yaralarınız da derin olur. Sonuç, "Ben utangacım"dır. Utangaçlık kendinizi ifade etme korkusudur. Dans etmeyi, şarkı söylemeyi bilmediğinize inanabilirsiniz ama bu yalnızca insanın sevgisini ifade etmeye yönelik doğal güdüsünün bastırılmasıdır.

İnsan insanı evcilleştirmek için korkuyu kullanır. Korkumuz, deneyimlediğimiz her haksızlıkla biraz daha büyür. Haksızlık duygusu duygusal bedenimizde yara açan bıçaktır. Duygusal zehir, haksızlık olarak algıladığımıza gösterdiğimiz tepkidir. Kimi yaralar iyileşir, kimisi dozu giderek artan zehirle iltihaplanır. Duygusal zehre doyduğumuzda boşaltmamız gerekir. Bunu da zehrimizi başkalarına aktararak yaparız. Nasıl mı? O kişinin dikkatini kendimize çekerek.

Sıradan bir çiftin örneğini alalım. Kadının tepesi herhangi bir nedenden ötürü atmış durumda. İçinde kocasından kaynaklanan haksızlığın duygusal zehri birikmiş. Kocası evde değil, ama haksızlık ve zehrin içinde büyüdüğünü anımsıyor. Kocası eve geldiğinde ilk istediği dikkatini çekmek, çünkü bir kez bunu yaptığında birikmiş bütün zehri kocasına akıtıp rahatlayabilir. Kocanın ne kadar kötü, aptal ya da haksız olduğunu söylediğinde zehri eşine geçirilmiş olur.

Erkeğin dikkatini çekene dek konuşur, konuşur. Kocası sonunda tepki gösterir, öfkelenmiştir. Kadın o zaman iyi hisseder kendini. Ama zehir şimdi de erkeğin ruhunda dolanmaktadır. Kendisini ödeşmek zorunda hisseden odur. Karısının dikkatini kendisine çekip zehri boşaltmak ister. Ama boşalacak zehir yalnızca karısının aktardığı zehir değildir, buna kendisininki de eklenmiştir. Bu etkileşime bakacak olursanız karı kocanın birbirlerinin yaralarına dokunup durduklarını, duygusal zehirle bir tür masa tenisi oynadıklarını görürsünüz. Zehir, günü gelip birinden biri patlama noktasına erişene dek çoğaldıkça çoğalır. İnsanların birbirleriyle ilişki kurma biçimi çoğunlukla budur.

Dikkatin çekilmesiyle enerji bir insandan diğerine geçer. Dikkat insan zihninin çok güçlü bir yönüdür. Dünyadaki herkes sürekli olarak başkalarının dikkatini çekmenin ardındadır. Dikkati yakaladığımızda iletişim yolları açmaya başlarız. Bu yollardan Düş ve güç aktarıldığı gibi duygusal zehir de aktarılır.

Zehrimizi genellikle haksızlıktan sorumlu tuttuğumuz insana boşaltırız. Ama bu kişi aktarımı yapamayacağımız kadar güçlüyse kimi hedef seçtiğimize aldırmaksızın boşalırız. Kendilerini bize karşı savunamayacak olanları hedef alırız. İnsanların kötüye kullanıldığı ilişkiler böylece doğar. Güçlü insanlar daha az güçlü olanları kullanır, çünkü duygusal zehirlerini boşaltmaları gerekmektedir. Zehri boşaltmamız gerekir, kimi zaman istediğimiz adalet değil, yalnızca boşalmak, rahatlamaktır. İnsanların sürekli olarak güç kazanmaya çalışmasının nedeni işte budur. Ne kadar güçlü olurlarsa zehirlerini kendilerini savunamayanlara karşı boşaltmaları o kadar kolaylaşacaktır.

Sözünü ettiğimiz elbette cehennemde sürdürülen ilişkilerdir. Bu gezegende varolan zihinsel hastalıktan söz ediyoruz. Bundan ötürü kimseyi suçlamamız gerekmez. Hastalık tek başına ne iyi ne de kötüdür. Doğası budur yalnızca. Gücü kötüye kullandığından ötürü kimse suçlu değildir. Tıpkı düşsel gezegenimizde cilt hastalığına yakalanmış insanların suçlu olmadığı gibi zehirle iltihaplanmış yaralarınız olduğu için siz de suçlu sayılamazsınız. Bedensel olarak hastalandığınız ya da yaralandığınızda kendinizi suçlamaz, suçluluk da hissetmezsiniz. O halde duygusal bedeniniz hasta olduğu için kendinizi neden kötü ya da suçlu hissedesiniz ki?

Önemli olan böyle bir sorunumuz olduğunun farkında olmaktır. Sorunumuzun bilincinde olduğumuzda duygusal bedenimizi, duygusal zihnimizi iyileştirebilir, acıya bir son verebiliriz. Farkındalık olmaksızın yapabileceğimiz hiçbir şey yoktur. Başkalarıyla, yalnızca başkalarıyla da değil, kendimizi cezalandırmak için yaralarımıza dokunacağımızdan kendimizle de ilişkilerimiz acı vermeye devam eder.

Sürekli yargılayan bölümümüzü zihnimizde yaratırız. İçimizdeki Yargıç yaptığımız, yapmadığımız, hissettiğimiz, hissetmediğimiz her şeyden ötürü bizi durmadan yargılar. İnançlarımıza, hak ve haksızlığa ilişkin sezgilerimize dayanarak kendimiz ve başkalarını her an yargılarız. Kendimizi elbette suçlu bulur, cezalandırılmaya gereksiniriz. Zihnimizin yargının hedefi olan ve cezalandırılmaya gereksinen tarafı Kurbandır. Bu yanımız, "Bana ne yazık. Ne güçlüyüm ne de iyi bir insan, zeki de sayılmam. Ne diye çabalayayım, elimden ne gelir ki" der.

Çocukken neye inanıp neye inanmayacağınızı seçecek durumda değilsinizdir. İçinizdeki Yargıç ve Kurbanın dayanağını seçmediğiniz bütün o sahte inançlar oluşturur. İnançlarınızı oluşturan bilgi zihninize aktığında saftınız. Her şeye inanıyordunuz. İnanç Sistemi Dış Düş tarafından tıpkı bir program gibi yerleştirilir içinize. Toltekler bu programı Parazit olarak adlandırır. İnsan zihni hastadır, çünkü yaşam enerjisini çalıp sevincini yağmalayan bir Parazit vardır içinde. Çocukluğunuzda edindiğiniz inançlar öylesine güçlüdür ki yıllar sonra yeni kavramlar öğrenip kendi kararlarınızı almaya çalıştığınızda da yaşamınızı denetlemeyi sürdürür.

Kimi zaman içinizdeki küçük çocuk, iki üç yaşında kalmış olan gerçek siz dışarı çıkar. Anı yaşar eğlenirsiniz. Ama sizi geriye doğru çeken bir şey vardır. İçinizde bir şey bu kadar eğlenmeyi hak etmediğini hisseder. Bir ses mutluluğunuzun gerçek olamayacak kadar güzel olduğunu söyler. Mutluluğun hakkınız olmadığını. Duygusal bedeninizdeki bütün suçluluk, duygusal zehir sizi geriye, dramların dünyasına çeker.

Parazit, bir hastalık gibi büyük anne babalarından anne babalarımıza, onlardan da bize bulaşır. Tıpkı köpek eğitir gibi bu programı içimizdeki çocukların benliğine yerleştiririz. İnsanlar evcilleştirilmiş hayvanlardır. Evcilleşme süreci korkuyu yaşadığımız cehennem düşüne yol açar. Parazitin besini korkudan kaynaklanan duygulardır. Parazite yakalanmadan önce yaşamdan zevk alır, oyunlar oynar, çocuklar gibi mutlu oluruz. Ama bütün o çöplük zihinlerimize boşaltıldıktan sonra yiter gider mutluluk. Haklı olmayı, bizden başka herkesi haksız çıkarmayı öğreniriz. "Haklı" olma gereksinimi, dışımıza yansıtmak istediğimiz benlik imgemizi korumaya çalışmanın sonucudur. Kendi düşünce biçimimizi yalnızca başkalarına değil, kendimize de dayatmamız gerekir.

Farkındalık sayesinde anne babamız, çocuklarımız, dostlarımız, eşimiz, hatta kendimizle ilişkilerin neden yürümediğini kolayca anlayabiliriz. Kendimizle ilişkimiz neden sorunludur? Çünkü yaralıyız, baş edemediğimiz duygusal zehirle doluyuz. Bunun da nedeni gerçek dışı, varolmayan ve zihnimizde haksızlık olarak algıladığımız bir kusursuzluk imgesi ile büyümüş olmamız.

Onların bizimle hiçbir ilgisi olmayan kendi düşlerini yaratmalarına karşın başkalarının hoşuna gitmek için kusursuzluk imgesini nasıl yarattığımızı gördük. Anne babamız, öğretmenimiz, dinimiz ve Tanrıyı hoşnut etmeye çalışırız. Oysa gerçek, onların bakış açısından hiçbir zaman kusursuz olmayacağımızdır. Kusursuzluk imgesi iyi olduğumuza inanmak, kendimizi kabul etmek için nasıl olmamız gerektiğini söyler. Ama bilin bakalım neler olur? Asla kusursuz olmayacağımız için bu kendimize ilişkin inandığımız en büyük yalandır. Kusursuz olmadığımız için kendimizi bağışlamanın hiçbir yolu yoktur.

Kusursuzluk imgesi düş kurma şeklimîzi değiştirir. Kendimizi yadsıyıp reddetmeyi öğreniriz. İçimizi dolduran bütün o inançlara göre asla yeterince iyi, doğru, temiz, sağlıklı değilizdir. Yargıcın kabul ya da affedemediği bir şeyler her zaman oracıktadır. İşte bu nedenle insanlığımızı reddederiz, mutlu olmayı hiçbir zaman hak etmeyiz, bizi kullanacak, cezalandıracak birilerini arar dururuz. Kusursuzluk imgesi yüzünden kendimizi son derece kötüye kullanırız.

Kendimizi kabul etmeyip yargıladığımızda, suçlu bulup böylesine cezalandırdığımızda sevgi yokmuş gibidir. Dünyada yalnızca ceza, acı ve yargı varmış gibi gelir. Cehennemin pek çok katı vardır. Kimi insanlar cehennemin ta derinlerine gömülüdür, kimilerinin yalnızca bir ayağı cehennemdedir, ama cehennem yine de cehennemdir onlar için. Cehennemde çok kötüye kullanılan ilişkiler olduğu gibi fazla kötüye kullanılmayan ilişkiler de vardır.

Artık çocuk değilsiniz. Kötüye kullanmanın söz konusu olduğu bir ilişkiniz varsa hak ettiğinizin bu olduğuna inanarak ilişkinin böyle olmasına izin verdiğiniz içindir. Kötüye kullanılmayı kabulünüzün bir sınırı vardır ama dünyada da başka hiç kimse sizi sizin kendinizi kullandığınızdan daha kötüye kullanmaz. Buradaki sınırınız başkalarına karşı belirlenmiş olan sınırınızdır. Birisi sizi sizin kendinizi kullandığınızdan daha kötüye kullandığında kaçarsınız. Ama başka birisi sizi sizden biraz daha az kötüye kullandığında onunla daha uzun bir zaman birlikte olabilirsiniz. Bu davranışı hak etmektesinizdir.

Cehennemdeki bir ilişki için doğal olan, bir haksızlığın bedelinin ödetilmesidir. Ben sizi gereksindiğiniz şekilde kötüye kullanırım, siz de bana aynı şeyi gereksindiğim kadar yaparsınız. Dengeyi yakalamışızdır. İlişki yürür. Enerji elbette benzerini, kendisiyle aynı titreşimde olanı çekecektir. Birisi gelip de size, öylesine sömürülüyorum ki, dediğinde, o halde bu ilişkiyi neden sürdürüyorsun, sorunuza karşılık bile veremez, nedenini bilmiyordur. Gerçek, kendisini bu yoldan cezalandırdığı için kötüye kullanılmaya gereksindiğidir.

Yaşam size neye gereksiniyorsanız onu sunar. Cehennemde kusursuz bir adalet vardır. Suçlanacak hiçbir şey yoktur. Acımızın bir armağan olduğunu bile söyleyebiliriz. Zehirden arınmak, yaralarınızı iyileştirmek, kendinizi kabul etmek ve cehennemden çıkmak için gereken, gözlerinizi açıp çevrenizde olup biteni görmenizdir.

3

Sevgiye İnanmayan Adam

Size sevgiye inanmayan bir adama ilişkin çok eski bir öykü anlatmak istiyorum. Bu adam sizin, benim gibi sıradan bir insanmış. Onu alışılmadık kılan düşünme biçimiymiş. Sevginin olmadığına inanırmış. Sevgi arayışında pek çok deneyim yaşamış elbette, çevresindeki insanları gözlemlemiş. Yaşamının büyük bir bölümü sevgi arayışıyla geçip gitmiş. Eriştiği yegane sonuç ise sevgi diye bir şeyin olmadığı olmuş.

Adam nereye gitse sevginin insanların zayıf zihninin dizginlerini ele geçirmek için şairlerle dinlerin uydurduğu bir masal olduğunu anlatırmış. Sevginin gerçek olmadığını, bu nedenle insanın ne kadar ararsa arasın sevgi filan bulamayacağını söylermiş.

Bu adam çok zeki, inandırıcı biriymiş. Bir yığın kitap okuyup en iyi üniversitelere gitmiş. Saygı duyulan bir öğrenci olmuş. Karşısına çıkıp konuşamayacağı hiçbir topluluk yokmuş, çok güçlüymüş mantığı. Öne sürdüğü, sevginin bir uyuşturucu olduğuymuş. Bu uyuşturucu sizi çok yükseklere çıkarabilirmiş gerçi ama güçlü bir de ihtiyaç yaratırmış. Sevgi bağımlısı olabilirsiniz, dermiş adam, peki günlük dozunuzu alamadığında ne olacak? Tıpkı uyuşturucuda olduğu gibi sevgide de her gün almanız gereken bir doz vardır.

Adam, birbirlerini sevenler arasındaki çoğu ilişkinin bir uyuşturucu bağımlısıyla ona uyuşturucu sağlayan arasındaki ilişkiye benzediğini söylermiş. İki kişiden sevgiye daha fazla gereksineni uyuşturucu bağımlısının, diğeri de ona uyuşturucuyu satanın yerine geçiyormuş. Sevgiye daha az gereksinen ilişkinin dizginlerini tutanmış. Bu işleyişi böylesine açıkça görebilmemizin nedeni her ilişkide birinin çok sevmesi, diğerinin ise o kadar sevmeyip yüreğini kendisine verenden yararlanmasıymış. Birbirlerini nasıl yönlendirdiklerini, etki ve tepkilerini görebilirmişsiniz. Satıcı ve uyuşturucu bağımlısı gibilermiş canım işte.

Uyuşturucu bağımlısı, bağımlılığı daha fazla olan, bir sonraki dozunu alamayacağının dinmek bilmeyen korkusuyla yaşarmış. "Beni terk ederse ne yaparım?" diye düşünürmüş. Korku bağımlıyı son derece sahiplenici kılarmış. "O benim!" Bağımlılık, kaybetme korkusu nedeniyle kıskançlığa, talepkarlığa dönüşürmüş. Uyuşturucuyu elinde bulunduran satıcı, bağımlı olanı dozları bol tutup azaltarak, bazen de hiç vermeyerek parmağında oynatırmış. Sevgiye daha çok gereksinen bütünüyle teslim olur, terk edilmenin önüne geçmek için elinden geleni yaparmış.

Adam karşısına çıkan herkese sevginin neden varolmadığını anlatırmış. "İnsanların 'sevgi' dediği, denetim üzerine kurulu bir korku ilişkisinden başka şey değildir. Saygı nerede? Olduğunu iddia ettikleri sevgi nerede? Sevgi diye bir şey yok. Genç çiftler Tanrı, aileleri ve dostları önünde birbirlerine bir yığın söz veriyor. Sonsuza kadar birlikte yaşama, iyi zamanda kötü zamanda birbirlerinin yanında olma, birbirlerini sevip sayma ve böylece uzayıp giden sözler bunlar. İşin şaşırtıcı yanı verdikleri sözlere inanmaları. Ama evlendikten bir hafta, bir ay ya da birkaç ay sonra bu sözlerin hiçbirinin tutulmadığını görebilirsiniz.

"Bütün göreceğiniz, kimin kimi yöneteceğinin ortaya çıkacağı bir güç savaşıdır. Kim uyuşturucu satıcısı, kim bağımlı olacaktır? Birkaç ay içinde birbirlerine göstermeye söz verdikleri saygı uçup gider. İçerlemeler, duygusal zehir biriktikçe birikir, sevgiyi nerede yitirdiklerini bilemez olana dek birbirlerini yaralar dururlar. Yalnızlıktan, başkalarının ne diyeceğinden, yargılarından olduğu kadar kendi görüş ve hükümlerinden de korktukları için bir arada kalırlar. Peki ya sevgi nerededir?"

Adam, bunca yıldır birlikte olmaktan ötürü gurur duyan otuz, kırk, elli yıllık çiftler gördüğünü iddia edermiş. Ama sıra ilişkilerinden söz etmeye geldiğinde söyledikleri, "Evlilik hakkımızdan gelemedi" olurmuş. Bunun da anlamı birinin diğerine boyun eğmiş olması, boyun eğenin mücadeleden vazgeçip acıya dayanmaya karar vermesiymiş. İradesi daha güçlü, ihtiyacı daha az olan savaşı kazanırmış. Peki ya adına sevgi dedikleri ateş? O nerede kalmış? Birbirlerine sahip oldukları mallar gibi davranırlarmış. "O bana ait."

Adam konuştukça konuşur, sevgiye inanmama nedenlerini sayıp dökermiş. "Ben bütün bu yollardan geçtim. Artık hiç kimseye sevgi adına beni parmağında oynatma, yaşamımı denetleme izni vermeyeceğim." Sıraladığı gerekçeler hayli akla yatkınmış, söyledikleriyle pek çok kişiyi inandırmış: Sevgi diye bir şey yoktur.

Günün birinde parkta dolaşırken bir sıraya oturmuş ağlayan bir kadın görmüş. Merakı uyanmış. Yanına oturmuş, yardım edip edemeyeceğini, neden ağladığını sormuş. Kadın sevgi olmadığı için ağladığını söylediğinde ne kadar şaşırdığını gözünüzün önüne getirebilirsiniz. "Çok şaşırtıcı!" demiş, "Sevginin olmadığına inanan bir kadın!" Elbette kadını daha yakından tanımak istemiş.

"Neden sevginin olmadığını söylüyorsun?" diye sormuş.

"Uzun bir öykü" diye yanıtlamış kadın. "Evlendiğimde çok gençtim. Sevgi ve yaşamımı o adamla geçireceğim yanılsaması ile doluydu içim. Birbirimize bağlılık, saygı, onur sözleri verip bir aile kurduk. Ama kısa zaman sonra her şey değişti. Ben kendini çocukları ve evine adayan kadın oldum. Kocam işinde yükselmeyi, başarılarını sürdürdü. Evin dışında yarattığı imge onun için ailemizden daha önemliydi. O bana, ben ona duyduğumuz saygıyı yitirdik. Birbirimizi yaralamaya başladık. Bir an geldi, onu sevmediğimi, onun da beni sevmediğini keşfettim.

"Ama çocukların bir babaya ihtiyacı vardı. Bu da benim kalıp onu desteklemek için elimden geleni yapmamın gerekçesi oldu. Çocuklar büyüyüp evden ayrıldı artık. İlişkiyi sürdürmek için bir bahanem kalmadı. Aramızda ne sevgi var, ne incelik. Başka birisini bulsam bile aynı şey olacağını biliyorum. Çünkü ne sevgi diye bir şey var ne de olmayan bir şeyi aramanın anlamı. Onun için ağlıyorum."

Onu çok iyi anlayan adam kadına sarılmış. "Haklısın, demiş, sevgi diye bir şey yok. Sevgi arıyoruz, yüreğimizi açıyor, yaralanabilir hale geliyoruz. Ama bütün bulduğumuz bencillik oluyor. İncindiğimize inanmasak bile yaralıyor bu bizi. Kaç ilişki kurduğumuzun önemi yok. Aynı şey durmadan yineleniyor. Sevgi arayışını sürdürmenin ne anlamı var ki?"

Ortak noktaları çokmuş. Birbirlerinin en yakın dostları haline gelmişler. Çok güzel bir ilişkileri olmuş. Birbirlerini saymış, hiçbir zaman küçük düşürmemişler. Birlikte attıkları her adım onları mutlu etmiş. Ne kıskançlık varmış aralarında, ne diğerini yönetme isteği, sahiplenme. İlişkileri geliştikçe gelişmiş. Birlikte olmayı seviyorlarmış. Çünkü birlikte olduklarında çok eğlenirlermiş. Birlikte olmadıklarındaysa birbirlerini özlerlermiş.

Şehir dışına çıktığı bir gün adamın aklında tuhaf bir düşünce belirmiş. "Belki de", diye geçirmiş içinden, "ona karşı hissettiğim sevgidir. Ama şimdiye kadar hissettiklerimden o kadar farklı ki. Şairlerin olduğunu söylediği şey değil bu, dinin dediği de değil, çünkü ondan sorumlu değilim. Hiçbir şey almıyorum ondan. Beni kollamasına gereksinmiyorum. Sorunlarımdan ötürü onu suçlamıyorum, dramlarımı ona aktarmıyorum. Birlikte çok güzel vakit geçiriyor, birbirimizin varlığından zevk alıyoruz. Onun düşünme, hissetme biçimine saygı duyuyorum. Beni utandırmıyor, canımı sıkmıyor. Başkalarıyla birlikte olduğunda kıskanmıyorum. Başarılarına gıpta etmiyorum. Belki de sevgi vardır, ama bu herkesin sevgi olduğunu sandığı şey değil."

Dönüp kadına tuhaf düşüncesini açacağı zamanı iple çekmiş. Konuşmaya başladığında kadın sözünü kesip, "Neden söz ettiğini biliyorum", demiş. "Aynı düşünce uzun zamandır benim de aklımda. Ama sevgiye inanmadığını bildiğim için seninle paylaşmak istemedim. Sevgi belki de vardır, ama bu bizim sevgi sandığımız şey değil." Sevgili olmaya, birlikte yaşamaya karar vermişler. Şaşırtıcı bir şey olmuş, aralarında hiçbir şey değişmemiş. Birbirlerini saymaya, desteklemeye devam etmişler. Sevgileri büyüdükçe büyümüş. Öyle mutlularmış ki yaptıkları en küçük şey bile yüreklerini sevginin müziğiyle dolduruyormuş.

Adamın sevgiyle dolup taşan yüreği bir akşam bir mucize gerçekleştirmiş. Yıldızları seyrederken aralarında en güzel olanı bulmuş. Sevgisinin büyüklüğüyle bu yıldız gökten yeryüzüne, ellerinin arasına kaymış. Sonra bir mucize daha olmuş ve adamın ruhu bu yıldızla birleşmiş. Mutluluğu çok derinmiş, kadına gidip sevgisini kanıtlamak için yıldızı eline vermeye can atmış. Yıldızı avuçlarına bıraktığı an kadının yüreğinden kuşku gelip geçmiş. Aşırıymış bu sevgi. Işte o an yıldız ellerinden düşüp binlerce küçük parçaya ayrılmış.

Bugün sevginin olmadığına yeminler ederek dolaşıp duran yaşlı bir adam vardır. Bir de bir zamanlar ellerinde tutup bir kuşku anında yitirdiği cennet için gözyaşı döken güzel, yaşlı bir kadın. Sevgiye inanmayan adamın öyküsüdür bu.

Yanlış kimindi? Hatanın ne olduğunu bilmek ister misiniz? Adamın yanlışı mutluluğunu kadına verebileceğini düşünmekti. Yıldız onun mutluluğuydu, yaptığı hata ise mutluluğunu kadının ellerine vermesi. Mutluluk asla dışımızdan gelmez. Adamın mutluluğunun kaynağı içinden gelen sevgiydi. Kadının mutluluğunun kaynağı da kendi içinden gelen sevgiydi. Ama adam kadını mutluluğundan sorumlu kıldığı an kadın yıldızı parçaladı, çünkü onun mutluluğunun sorumlusu olamazdı. Kadın adamı ne kadar severse sevsin onu hiçbir zaman mutlu edemezdi, çünkü içinden geçenleri asla bilemezdi. Düşlerini bilmediği için beklentilerini de bilemezdi.

Mutluluğunuzu alıp başka birisinin ellerine bırakacak olursanız er geç kıracaktır. Mutluluğunuzu başka birisine verirseniz alıp götürebilir. Çünkü mutluluk yalnızca sizin içinizden gelebilir ve sevginizin sonucudur. Mutluluğunuzdan siz sorumlusunuz. Başka birisini hiçbir zaman kendi mutluluğumuzdan sorumlu kılamayız. Ama evlenirken ilk yaptığımız yüzükleri birbirimizin parmağına takmaktır. Onun sizi, sizin onu mutlu kılacağınız beklentisiyle yıldızlarımızı birbirimizin eline veririz. Birisini ne kadar çok severseniz sevin onun olmasını istediği kişi olmayacaksınız.

Bu, daha başlangıçta çoğumuzun düştüğü bir yanlış. Mutluluğumuzu eşimize dayandırıyoruz, ilişki de bu şekilde tıkanıp kalıyor. Tutamayacağımız sözler veriyor, kendimizi başarısızlığa mahkum ediyoruz.

4

Sevgi Yolu Korku Yolu

Bütün yaşamınız bir düşten ibaret. Kendinize ilişkin bilginizin yegane gerçek olduğu hayali içinde yaşıyorsunuz. Sizin gerçeğiniz kendi çocuklarınız, anne babanız da içinde olmak üzere sizden başkası için gerçek değil. Sizin kendinize ilişkin inançlarınızla annenizin sizin hakkınızdaki düşüncelerini ele almanız yeter. Anneniz sizi çok iyi tanıdığını söyler ama gerçekte kim olduğunuza ilişkin en ufak bir fikri bile yoktur. Siz de annenizi çok iyi tanıdığınıza inanırsınız ama onun gerçekte kim olduğunu siz de hiç bilmezsiniz. Yaşamı hiçbir zaman kimseyle paylaşmadığı nice hayalle doludur. Zihninde neler olduğunu bilmezsiniz.

Yaşamınıza bir göz atıp on bir on iki yaşlarında neler yaptığınızı anımsamaya kalkışacak olsanız bütün hayatınızın ancak yüzde beş kadarını hatırlayabilirsiniz. İsminiz gibi en önemli şeyleri kuşkusuz anımsarsınız. Bunlar durmadan yinelenen verilerdir. Ama kimi zaman kendi çocuklarınız ya da dostlarınızın adlarını çıkaramadığınız olur. Bunun nedeni yaşamınızın sürekli değişim içinde yer alan pek çok küçük düşten oluşmasıdır. Düşlerin dağılıp gitme eğilimi vardır, bu nedenle böylesine çabuk unuturuz.

Her insanın kişisel bir yaşam düşü vardır ve bu düş diğer herkesinkinden bütünüyle farklıdır. Düşlerimiz inançlarımızı izler, yargılama ve kurbanlaşma biçimimizle değişime uğrar. Bundan ötürü iki kişinin düşü bile hiçbir zaman aynı değildir. İlişki içinde olduğumuz birisiyle "aynı" olduğumuzu, aynı şekilde düşünüp hissederek düşlediğimizi ileri sürebiliriz ama böyle bir şeyin olanağı yoktur. İki ayrı düşle iki düşçü vardır ortada. Her düşçünün düşü kendince olacaktır. Bu nedenle iki düşçü arasındaki farkları kabul etmemiz, birbirimizin düşüne saygı göstermemiz gerekir.

Aynı anda binlerce ilişkimiz olabilir. Ama her ilişki yalnızca iki kişi arasındadır. Dostlarımın her biriyle ilişkim vardır ama bunların tümü de ikili ilişkilerdir.

Her bir çocuğumla ilişki içindeyimdir, bu ilişkilerin her biri de diğerlerinden bütünüyle farklıdır. İki kişinin düş kurma biçimine göre adına ilişki dediğimiz rüyanın niteliği ortaya çıkar. Anne babamız, kardeşlerimiz, dostlarımızla kurduğumuz her ilişki eşsizdir, çünkü her birimiz birlikte küçük bir düş kurmaktayız. Her ilişki iki düşçünün oluşturduğu yaşayan bir varlık haline gelir.

Bedeninizin hücrelerden oluşması gibi düşleriniz de duygulardan oluşur. Bu duyguların iki kaynağı vardır: Birisi korku ve korkudan doğan bütün diğer duygular, diğeri ise sevgi ve sevgiden kaynaklanan bütün duygular. Her iki duyguyu da deneyimleriz. Ama gündelik yaşamımızda ağır basan korkudur. Dünyadaki olağan ilişkilerin yüzde doksan beşinin korku, yüzde beşinin sevgiye dayalı olduğunu söyleyebiliriz. Kişilere göre değişecektir elbette ama korkunun ilişkinin yüzde altmışına sevginin ise kırkına yayıldığı durumda bile ilişkinin temeli korku olmaya devam eder.

Bu duyguları anlamak üzere adlarına sevginin yolu ve korkunun yolu diyeceğim ayırıcı özelliklerini tanımlayabiliriz. Bu yollar hayatlarımızı nasıl yaşadığımıza işaret eden nirengi noktalarıdır. Bu ayrımlar mantıklı zihnin yaptığımız seçimleri anlayıp denetlemesi içindir. Sevgi ve korkunun kimi özelliklerine bir göz atalım.

Sevgi hiçbir zorunluluk barındırmaz. Korku zorunluluklarla doludur. Korku yolunda bir şeyi yapma nedenimiz onu yapmak zorunda oluşumuzdur. Başkalarından da aynı şekilde davranmalarını bekleriz. Zorunluluk onlar için de geçerlidir. Zorunluyuzdur, bunu hissettiğimiz an direnmeye başlarız. Ne kadar direnirsek o kadar çok acı çekeriz. Er geç zorunluluklardan kaçmaya çalışırız. Öte yanda sevgide direnç yoktur. Ne yaparsak istediğimiz içindir. Yaptığımız bir zevk haline gelir; oyundur, eğleniriz.

Sevgide beklenti yoktur. Korku ise beklenti doludur. Korktuğumuzda yapmamız gerektiğini düşündüğümüz şeyleri yaparız, başkalarından da aynı şekilde davranmalarını bekleriz. Bu nedenle korku acı vericidir, sevgiyse sizi incitmez. Bir şey beklediğimizde, beklentimiz de gerçekleşmediğinde haksızlığa uğradığımızı hisseder, acı duyarız. Beklentilerimizin yerine gelmemesinden ötürü başkalarını suçlarız. Sevdiğimiz zaman beklentimiz yoktur. Bir şeyi istediğimiz için yapar, başkaları istedikleri ya da istemedikleri için aynı şeyi yaptıkları ya da yapmadıklarında bunu üzerimize alınmayız. Beklentimiz olmadığında herhangi bir şeyin gerçekleşmemesinin önemi yoktur. Kendimizi incinmiş hissetmeyiz. Her şeyi olduğu gibi kabul ederiz. Aşık olduğumuzda bizi pek az şeyin yaralayabilmesinin ardındaki neden budur. Sevgilimizden bir şey beklemeyiz, zorunluluklar yoktur yaşamımızda.

Sevginin temeli saygıdır. Korku kendisi de içinde olmak üzere hiçbir şeyi saymaz. Sizin için üzülmem sizi saymamam demektir. Kendi seçimlerinizi yapamayacak olduğunuza inanmam anlamına gelir. Seçimlerinizi sizin adınıza yapmaya başlamam demek size saygı duymadığım anlamına gelir. Saygı duymazsam sizi denetlemeye çalışırım. Çocuklarımıza yaşamlarını nasıl yaşamaları gerektiğini söylediğimiz çoğu zaman bunun nedeni onları saymamamızdır. Çocuklarımız için üzülür, yapmaları gereken şeyleri onların yerine yapmaya kalkışırız. Kendimi saymadığımda kendim için üzülürüm, bu dünyada yeterince iyi olmadığımı hissederim. Kendinizi saymadığınızı nereden bilebilirsiniz? Kendi kendinize, "Yazık bana. Yeterince güçlü, zeki, güzel değilim. Elimden daha iyisi gelmiyor" dediğinizde. Kendine acıma saygısızlıktan ileri gelir.

Sevgi acımasızdır, kimse için üzülmez. Buna karşılık şefkatlidir. Korku acıma doludur, herkes için üzülür. Bir şeyi başaracak kadar güçlü olmadığıma inandığınızda, bana saygı duymadığınızda benim için üzülürsünüz. Öte yandan sevgi saygı duyar. Sizi severim, önünüzdeki işi başarabileceğinize güvenirim. Seçimlerinizi yapabilecek kadar güçlü, zeki, iyi olduğunuzu bilirim. Başarısızlığa uğrayacak olursanız size elimi uzatabilir, ayağa kalkmanıza yardım edebilirim. "Başarabilirsin, haydi başla!" diyebilirim. Bu şefkattir. Acıma hissetmekle aynı şey değildir. Şefkat, saygı ve sevgiden doğar, acıma ise saygının yokluğu ve korkudan.

Sevgi bütünüyle sorumluluk sahibidir. Korku sorumluluk almaktan kaçınır ama bu sorumluluk sahibi olmadığı anlamına gelmez. Sorumluluktan kaçınmaya çalışmak düştüğümüz en büyük yanlışlardan biridir, çünkü her eylemin bir sonucu vardır. Düşündüğümüz, yaptığımız her şeyin bir sonucu vardır. Bir seçim yapmayacak olursak bunun doğuracağı bir sonuç ya da tepki olacaktır. Eylemlerimizin sonuçlarını şu ya da bu şekilde deneyimleriz. Bu nedenle istemese bile her insan bütün hareketlerinden sorumludur. Başkaları sizin yanlışlarınızın bedelini ödemek isteyebilir ama bu bedeli zaten ödemek, bu durumda misliyle ödemek durumundasınızdır. Başkaları sizin sorumluluğunuzu üstlenmeye kalkıştığında yaşanan dram daha da büyüyecektir.

Sevgi her zaman incedir. Korkuysa hep kaba. Korkuyla hareket ettiğimizde yaşamımız zorunluluklar, beklentiler, saygısızlık, sorumluluktan kaçınma ve acımayla dolar. Onca korkunun acısını çekerken nasıl iyi olabiliriz ki? Her şey bize kendimizi kurban gibi hissettirir. Öfke, keder, kıskançlık ya da aldatılmışlık duyguları içinde oluruz.

Öfke, yüzüne maske geçirmiş korkudan başka bir şey değildir. Korkudan kaynaklanıp acı yaratan bütün bu duygularla inceliği ancak taklit edebiliriz. Gerçekte ince değildir tavrımız, çünkü kendimizi iyi, mutlu hissetmeyiz. Sevgi yolunu izliyorsanız hiçbir zorunluluk, beklenti yoktur yaşamınızda. Kendiniz ya da eşiniz için üzülmezsiniz. Sizin için her şey olduğu gibi yolundadır, bundan ötürü de yüzünüzden gülümseme eksik olmaz. Kendinizi iyi hissedersiniz ve mutlu olduğunuz için de nazik olursunuz. Sevgi her zaman incedir. İncelik sizi verici kılarak bütün kapıları açar. Sevgi vericidir. Korku bencildir. Korkuda yalnızca ben vardır. Bencillik bütün kapıları kapar.

Sevgi koşulsuzdur. Korku pek çok koşul koyar. Korku yolunda sizi denetlememe izin vermeniz, bana iyi davranmanız, sizin için belirlediğim imgeye uymanız halinde sizi severim. Nasıl olmanız gerektiğine ilişkin bir imge yaratırım ve hiçbir zaman bu imgenin gereklerini yerine getiremeyecek olduğunuz için sizi yargılamaya, suçlu bulmaya başlarım. Hatta çoğu zaman varlığınız benim için utanç konusu olur, çünkü istediğim gibi olmamışsınızdır. Sizin için yarattığım imgeye uymamanız canımı sıkar. Sabrımı taşırırsınız. Nazik rolü oynarım. Sevgi yolunda "eğer" yoktur, koşul koyma yoktur. Sizi herhangi bir nedene dayanmadan sever, sevgimi doğrulamaya çalışmam. Yaşama biçiminiz hoşuma gitmiyorsa hoşuma giden birisiyle birlikte olurum. Ne bizim kimseyi değiştirmeye hakkımız vardır ne de kimsenin bizi. Değişirsek bu değişmeyi istediğimiz, daha fazla acı çekmeyi istemediğimiz içindir.

Çoğu insan bütün yaşamını korku yolunda geçirir. Böyle olması gerektiğini hissettiği için ilişkiye girer. Eşleri ve kendilerine ilişkin beklentilerle doludur girdikleri ilişki. Bütün bu dram ve acıların nedeni ise dünyaya gelişimizden öncelere dayanan iletişim yollarını kullanmamızdır. İnsanlar yargılar ve yargılanır, birbirlerinin, dostlarının hakkında, orada burada durmadan dedikodu yapar, aile bireylerinin birbirinden nefret etmesine yol açarlar. Duygusal zehir biriktirip çocuklarına aktarırlar. "Şu babanızın bana yaptığına bir bakın. Babanız gibi olmayın sakın. Bütün erkekler/kadınlar böyledir." Onca sevdiğimiz insana, çocuklarımıza, eşimize yaptığımız işte budur.

Korku yolunda öyle çok şartımız, beklenti ve zorunluluklarımız vardır ki gerçekte hiçbir kuralın olmaması gerekirken kendimizi duygusal acıya karşı savunmamızı sağlayacak pek çok kural yaratırız. Yarattığımız bu kurallar aramızdaki iletişim yollarının niteliğini etkiler, çünkü korktuğumuz zaman yalan söyleriz. Benden belli bir şekilde davranmamı beklediğinizde bu şekilde davranma zorunluğu hissederim. Gerçekse, benim benden istediğiniz gibi olmadığımdır. Dürüst davranıp nasılsam öyle olduğumda bu sizi yaralar, öfkelendirir. O zaman da yargınızdan korktuğum için yalan söylerim. Beni suçlamanızdan, suçlu bulup cezalandırmanızdan korkarım. Davranışımı anımsadığınız her seferinde aynı yanlıştan ötürü beni yeniden ve yeniden cezalandırırsınız.

Sevgi yolunda adalet vardır. Yanlış yaptığınızda yalnızca bu hatanızın bedelini ödersiniz. Kendinizi gerçekten seviyorsanız bu yanlışınızdan da ders alırsınız. Korku yolunda adalet yoktur. Aynı yanlışın bedelini kendinize binlerce kez ödetirsiniz. Eşiniz, dostunuza da ödetirsiniz. Bu da haksızlık olduğu için pek çok duygusal yara açar. Sonra da elbette kendinizi başarısızlığa mahkum edersiniz. İnsanların ne kadar küçük ve basit de olsa her şey için bir dramı vardır. Bu dramları cehennemdeki olağan ilişkilerde görürüz. Burada çiftler korku yolunda yaşamaktadır.

Her ilişkide ilişkinin iki yarısı vardır. Bir yarısı sizsiniz, diğer yarısı ise oğlunuz, kızınız, babanız, anneniz, dostlarınız, eşiniz. Bu yarılar içinde yalnızca size ait olandan sorumlusunuz. İlişkinin diğer yarısından sorumlu değilsiniz. Ne kadar yakın olduğunuzu, ne kadar çok sevdiğinizi düşünürseniz düşünün karşınızdakinin zihninden geçenlerden sorumlu olmanızın hiçbir yolu yoktur. İlişkideki diğer kişinin ne hissettiğini, neye inandığını, düşüncelerini hiçbir zaman bilemezsiniz. O kişi hakkında hiçbir şey bilmezsiniz. Gerçek budur. Peki ya biz ne yaparız? İlişkinin diğer yarısının sorumluluğunu üstlenmeye kalkışırız. Cehennemdeki ilişkilerin korku, dram ve güç savaşına dayanmasının nedeni de budur.

Giriştiğimiz güç savaşının nedeni saygıdan yoksun oluşumuzdur. Gerçek sevgiden yoksun oluşumuz. Yaşadığımız bencillik, sevgi değil. Bizi mutlu eden küçük dozlardan ibaret yaşadığımız. Saygının yokluğunda herkes kendini diğerinden sorumlu hissettiği için güç savaşları başlar. Sizi kontrol etmem gerekir, çünkü saygı duymuyorumdur. Kendimi sizden sorumlu hissederim, çünkü sizin başınıza gelen ne olursa olsun benim için bir incinme konusudur, acıdan kaçınmak isterim. Sizin sorumluluk almadığınızı gördüğümde "sorumluluk"tan benim anladığımı uygulamanız için her fırsatta bunu başınıza vururum.

Korku yolundaysanız olan işte budur. Saygı duymadığımdan kendiniz için iyi ve doğrunun ne olduğunu bilebilecek kadar iyi ya da zeki değilmişsiniz gibi hareket ederim. Kimi durumlarda yeterli olamayacağınızı var saydığımdan denetimi ele almam gerektiğini düşünür, "Ben hallederim" ya da "Sen bırak" derim. İlişkinin diğer yarısını oluşturan kişiyi siler, bütünün denetimini ele geçiririm. Sorumluluğu bütünüyle üstlendiğimde sizin yarınız ne olacaktır? İlişki bu şekilde yürümez.

Diğer yarısı ile ilişkiyi paylaşabilir, birliktelikten zevk alabilir, birlikte düşlerin en güzelini yaratabiliriz. Ama diğer yarının her zaman kendi düşü, istemi olacaktır ve ne kadar istersek isteyelim bu düşü biz denetleyemeyiz. Bir seçeneğimiz var; bir güç savaşı çatışması yaratabilir ya da iyi bir oyun arkadaşı ve takım oyuncusu haline gelebiliriz. Oyun arkadaşları ve aynı takımın oyuncuları oyunu birlikte oynarlar, birbirlerine karşı değil.

Tenis oynadığınızda eşinizle bir takım oluşturur, birbirinize karşı oynamazsınız. Tarzlarınız farklı olabilir ama amacınız aynıdır; birlikte eğlenmek, oynamak, oyun arkadaşı olmak. Oyununuzu kontrol etmek isteğiyle "Öyle oynama, şöyle oyna. Yanlış yaptın" diyen bir eşiniz olduğunda zevk almaz olursunuz. Sonunda artık bu eşle birlikte oynamak isteğini yitirirsiniz. Ekip oluşturmak yerine eşiniz sizin oyununuza karışmak ister. Ekip anlayışının yokluğunda çatışma eksik olmayacaktır. Eşiniz ya da sevgilinizle ilişkinizi bir ekip olarak düşündüğünüzde her şey gelişmeye başlar. Bir spor karşılaşmasında olduğu gibi ilişkide de önemli olan kazanmak ya da kaybetmek değildir. Zevk için oynarsınız.

Sevgi yolunda aldığınızdan çok verirsiniz. Üstelik kendinizi kuşkusuz bencil insanların sizden yararlanmasına engel olacak kadar çok seversiniz. Öç almaya kalkışmazsınız ama kendinizi açıkça ifade edersiniz. Söylediğiniz şudur: "Benden yararlanmaya kalkışmandan hoşlanmıyorum. Bana saygı göstermemen, kaba davranman hoşuma gitmiyor. Beni diliyle, duygusal, bedensel olarak kötüye kullanacak birisine ihtiyacım yok. Senden daha üstün olduğum için değil, güzel olanı sevdiğim için bana sövüp saymanı duymak istemiyorum. Gülmeyi seviyorum, eğlenmeyi, sevmeyi seviyorum. Bencil olduğum için değil. Yanımda kurban rolü oynayan birini istemiyorum. Bu seni sevmediğim anlamına gelmiyor ama senin düşünün sorumluluğunu ben üstlenemem. Benimle ilişkin Parazitinin çok ağrına gidecek, çünkü biriktirdiğin atıklara göre davranmak istemiyorum." Bu bencillik değil, öz sevgidir. Bencillik, kontrol ve korku hemen her ilişkinin sonunu getirecektir. Vericilik, özgürlük ve sevgi ilişkilerin en güzelini yaratır; sürüp giden bir aşk ilişkisini.

İlişkide ustalaşmak size bağlıdır. İlk adım, herkesin kendi düşünü düşlediğinin bilincine varmaktır. Bir kez bu bilince ulaştığınızda ilişkinin size ait yarısının sorumluluğunu üstlenebilirsiniz. İlişkinin yalnızca bir yarısından sorumlu olduğunuzu bilirseniz kendinize ait olanı kolaylıkla yerine getirebilirsiniz. Diğer yarıya hükmetmek bize düşmez. Saygı duyuyorsak eşimiz, dostumuz, oğlumuz ya da annemizin kendi yarısının sorumluluğunu taşıdığını biliriz. Diğer yarıya saygı duyarsak ilişkide barış egemen olacaktır.

Bir sonraki adımda sevgi ile korkunun ne olduğunuz bilirseniz düşünüzü diğerlerine nasıl ilettiğinizin ayırdında olursunuz. Duygusal bedeninizi sevgiye göre mı korkuya göre mi ayarlayacağınıza an be an verdiğiniz karar iletişiminizin niteliğini belirler. Bu farkındalığa sahip olarak kendinizi korku yoluna sapmış bulursanız dikkatinizi sevgi yoluna çevirebilirsiniz. Yalnızca olduğunuz yeri görüp dikkatinizi başka bir odak noktasına çevirdiğinizde çevrenizdeki her şey değişir.

Son olarak, başka kimsenin sizi mutlu edemeyeceğinin, mutluluk kaynağınızın içinizden gelen sevgi olduğunun bilincindeyseniz bu farkındalık Tolteklerdeki en büyük ustalık olan Sevgi Ustalığı haline gelir.

Sevgi üzerine konuşabilir, binlerce kitap yazabiliriz ama deneyimlenmesi gerektiği için sevgi her birimiz için farklı olacaktır. Sevgi kavramlaştırılamaz. Eylemdir sevgi. Eyleme dökülen sevgi ancak mutluluk yaratabilir. Eyleme dökülen korkuysa acının kaynağıdır.

Ustaca sevmenin yegane yolu sevgiyi eyleme dökmektir. Sevginizi doğrulamanız, açıklamanız gerekmez. Gereken, sevgiyi yaşamaktır. Ustayı yaratan uygulamadır.

5

Kusursuz İlişki

Kusursuz bir ilişki düşleyin. Eşinizle sürekli bir mutluluk yaşıyorsunuz, çünkü size göre kusursuz bir kadın ya da erkekle birliktesiniz. Böyle bir kişiyle sürdürdüğünüz yaşamı nasıl tanımlardınız? Aslına bakarsanız bu kişiyle aranızdaki bağın sizi bir köpeğe bağlayan bağdan pek bir farkı olmazdı. Köpek köpektir. Siz ne yaparsanız yapın o köpek kalacaktır. Köpeği kedi ya da ata dönüştürmek istemezsiniz; köpeğiniz neyse odur.

İlişkilerinizde tek başına bu olguyu kabul etmeniz bile çok önemlidir. Başkalarını değiştiremezsiniz. Onları oldukları gibi seversiniz ya da sevmezsiniz. Başkalarını istediğiniz biçimde değiştirmeye kalkışmak köpeği kedi ya da ata dönüştürmeye çalışmak gibidir. Bu bir olgudur. Onlar da siz de neyseniz osunuz. Kabul eder ya da etmezsiniz. Kendinize karşı bütünüyle dürüst olmanız, ne istediğinizi dile getirerek varolanı kabul edip etmeyeceğinize karar vermeniz gerek. Bu noktayı kavramanız şart, çünkü büyük önem taşıyor. Bunu gerçekten anladığınızda başkalarını istediğiniz gibi değil, kendi gerçeklikleri içinde görebilirsiniz.

Köpek ya da kedi edindiğinizde hayvanla nasıl ilişki kuracağınızı düşünün. Bir köpekle ilişkinizi ele alalım. Hayvan sizinle nasıl kusursuz bir ilişki kuracağını bilir. Yanlış bir şey yaptığında nasıl davranırsınız? Köpek sizi nasıl davrandığınıza aldırmaksızın sever. Hiçbir beklentisi yoktur. Peki ya kız ya da erkek arkadaşınız, kocanız, karınız? Sürekli değişen pek çok beklentileri vardır.

Köpek sizinle ilişkisinin kendisine düşen yarısından sorumludur. Köpeğe düşen bu yarı bütünüyle doğaldır. Eve geldiğinizde sizi havlayıp kuyruğunu sallayarak karşılar. Sizi gördüğü için mutluluktan soluk soluğa kalır. Kendisine düşeni gayet iyi yapar, köpeğin kusursuz olduğunu siz de bilirsiniz. İlişki de siz de üzerinize düşeni neredeyse kusursuz bir şekilde yerine getirir, köpeğinizi besler, ilgilenip oynarsınız onunla. Koşulsuzca seversiniz. Onun için ne gerekiyorsa yaparsınız.

Çoğu insan bir köpekle kurulacak böyle bir ilişkiyi rahatça hayal edebilir de neden bunu bir kadın ya da erkeğe uyarlayamaz? Siz kusursuz olmayan bir kadın ya da erkek tanıyor musunuz? Köpek köpektir, buna hiç itirazınız yoktur. Köpeğinizi köpek haline getirmek gibi bir sorumluluk üstlenmeye gerek duymazsınız. Köpek de sizi iyi bir insan, iyi bir efendi haline getirmeye kalkışmaz. O halde neden bir kadına kadın, erkeğe erkek olma hakkı tanıyıp o insanı da değiştirmeye çalışmaksızın olduğu gibi sevmeyelim?

Belki "Ya doğru insanla birlikte değilsem ne olacak?" diye düşünüyorsunuz. Bu çok önemli bir soru. Doğru insanı seçmeniz elbette gerekli. Peki, doğru kadın ya da erkek kimdir? Sizinle aynı yöne gitmek isteyen, duygusal, bedensel, parasal ve ruhsal açılardan görüş ve değerlerinizle uyum içinde olan kişidir doğru insan.

Eşinizin size uygun olduğunu nereden bilebilirsiniz? Erkek olduğunuzu, bir kadının sizi seçeceğini düşünün. Kendilerine bir eş arayan yüz kadın olsa ve her biri tarafından gözden geçirilecek olsanız bu kadınların kaçı için uygun erkek olurdunuz? Bilemezsiniz. Bu nedenle de araştırmanız ve riski göze almanız gerekir. Benim size söyleyebileceğim, size uygun kadının olduğu gibi sevdiğiniz, değiştirmeye hiç gerek duymayacağınız kadın olduğudur. Bu kadın sizin için doğru seçimdir. Sizin varlığınızın da onun için doğru seçim olacağı doğru kadını bulmuşsanız talihlisinizdir.

Sizi olduğunuz gibi seviyor, değiştirmek istemiyorsa onun için doğru erkeksiniz demektir. Sizin nasıl olacağınızın sorumluluğunu yüklenmesi gerekmez; göründüğünüz gibi olduğunuza güven duyar. Dürüst olabilir, o da olduğu gibi görünebilir. Zaman içinde öyle olmadığını ortaya çıkaracağınız birisiymiş gibi davranmaz. Sizi seven olduğunuz gibi sever. Çünkü, birisi sizi değiştirmek istiyorsa, bu onun istediği kişi değilsiniz demektir. O halde neden sizinle birliktedir?

Size ilişkin görüşleri olmadığı için bir köpeği sevmenin kolay olduğunu bilirsiniz. Köpek koşulsuzca sever. Önemlidir bu. Eşinizin de sizi olduğunuz gibi sevmesi köpeğin sevgisi gibidir. Tıpkı köpeğin sizinle köpek olabilmesi gibi siz de onunla kendiniz olabilirsiniz.

İlk merhabanın ardından bir insanı tanımaya başlar başlamaz size bilgi iletmeye başlar. Düşünü sizinle paylaşmaya can atar. Yapmakta olduğunun bilincinde olmasa bile varlığını size açar. Sizin için herkesi olduğu gibi görmek öylesine kolaydır ki. Kendinize yalan söylemenize gerek olmaz. Onu yaşamınızda isteyip istemediğinizi bilirsiniz. Ama karşınızdakini köpek, kedi ya da at olduğu için suçlayamazsınız. İstediğiniz köpekse neden kedi alasınız ki? Kediniz olsun istiyorsanız ne diye at ya da tavuk alacaksınız?

Yaşamınızda nasıl bir erkek ya da kadın istediğinizi biliyor musunuz? Yüreğinize şarkı söyleten, sizinle uyum içinde, sizi olduğu gibi sevendir istediğiniz insan. Başka bir şeyle neden uzlaşacaksınız ki? Neden istediğinizi elde etmeyesiniz? Başka birisini olmadığı bir şey olmaya zorlamak neden? Bu onu sevmediğiniz anlamına gelmez. Kendinizi de sevdiğiniz için bir seçim yapıp evet ya da hayır dediğiniz anlamına gelir. Bir seçim yaparsınız ve seçimlerinizden sorumlusunuzdur. Seçtiğiniz kişiyle ilişkiniz yürümemişse kendinizi suçlamazsınız. Başka bir seçim yaparsınız.

Ama köpek aldığınızı ve kedileri sevdiğinizi var sayalım. Kedi gibi davranıp miyavlamadığı için köpeğinizi köpeklikten çıkarmaya çalışıyorsunuz. Köpekle işiniz ne o zaman? Kedi edinin! Çok iyi bir ilişki yalnızca bu şekilde başlayabilir. Önce neyi nasıl ve ne zaman istediğinizi bilmeniz gerekir. Bedeninizin, zihninizin gereksinimlerini, sizinle neyin uyum sağlayacağını tam olarak bilmelisiniz.

Her biri eşsiz olan milyonlarca erkek ve kadın var. Kimi sizinle iyi bir uyum sağlar, kimi hiç uymaz. Herkesi sevebilirsiniz. Ama her gününüzü birlikte geçirmek size daha uygun birini seçmeyi gerektirir. Bu kişinin tam da sizin gibi olması gerekmez. Kilitle anahtar gibi olmalı, işini gören bir bileşim oluşturmalısınız.

Kendiniz ve başkalarıyla dürüst olmalısınız. Gerçekten olduğunuzu hissettiğiniz insanı yansıtın, olmadığınız biriymiş gibi davranmayın. Pazar meydanında olduğu gibi; kendinizi satacak, başka birisini de alacaksınız. Satın alırken ilgilendiğiniz şeye bakmak istersiniz. Satmak içinse başkalarına ne olduğunuzu göstermek. Konu, başka birisinden daha iyi ya da kötü olmak değil, ne olduğunuzdur.

Eğer istediğinizi görmüşseniz neden riske girmeyesiniz? Ama istemediğiniz bir şey görmüşseniz bunun için para ödeyeceğinizi bilirsiniz. Durum ortadayken "Sevgilim beni kullanıyor" diye yanıp yakılmayın. Kendinize yalan söylemeyin. İnsanlarda olmayanı var saymayın. Mesaj budur. Eğer istediğinizi biliyorsanız bunun köpeğinizle ilişkinize benzediğini ama daha iyi olduğunu göreceksiniz.

Gözünüzün önünde olanı görün. Kör olmayın ya da olmayanı görüyormuş gibi davranmayın. İsteklerinizi karşılamayacak malı almak amacıyla gördüğünüzü yadsımayın. İstemediğiniz bir şeyin sonu tavan arası olacaktır. İlişkilerde de böyledir. Acı veren dersi almamız yıllar alır elbette ama iyi de bir başlangıçtır. İyi bir başlangıç yaptığınızda kendiniz olabildiğiniz için gerisi kolaylıkla gelecektir.

Bir ilişkiye belli bir zaman yatırımı yapmış olabilirsiniz. Devam etmeyi seçerseniz eşinizi olduğu gibi kabul edip severek yeni bir başlangıç yapabilirsiniz. Ama önce bir adım geri atıp kendinizi olduğunuz gibi kabul edip sevmeniz gerekecek. Kendinizi ancak nasılsanız öylece kabul edip severek gerçekteki gibi olabilir, olduğunuzu da ifade edebilirsiniz. Neyseniz osunuz, hepsi bu. Başka bir şeymiş gibi davranmanıza gerek yok. Olmadığınız gibi olmaya kalkışırsanız kendinizi başarısızlığa mahkum edersiniz.

Kendinizi olduğunuz gibi kabul ettikten sonraki adım eşinizi kabul etmektir. Bu insanla olmayı seçerseniz onda herhangi bir şeyi değiştirmeye çalışmayın. Tıpkı köpeğiniz ya da kediniz gibi bırakın ne ise o olsun. Olduğu gibi olmaya, özgür olmaya hakkı var. Eşinizin özgürlüğünü kısıtladığınızda kendi özgürlüğünüzü de kısıtlamış olursunuz, çünkü ne yapıp yapmadığını denetlemeniz gerekir. Eğer kendinizi seviyorsanız kişisel özgürlüğünüzden vazgeçmezsiniz.

Bir ilişkinin sunduğu olanakları görüyor musunuz? Araştırın bu olanakları. Kendiniz olun. Sizinle uyuşacak bir insan bulun. Riski göze alın ama dürüst olun. Yürüyorsa sürdürün. Yürümüyorsa kendiniz ve birlikte olduğunuz insana bir iyilik edin; kendi yolunuza gidin, bırakın o da kendi yoluna gitsin. Bencil olmayın. Eşiniz ve kendinize gerçekten istediğinizi bulma olanağını tanıyın. İlişki yürümeyecekse en iyisi başka tarafa çevirmektir gözlerinizi. Siz eşinizi olduğu gibi sevemiyorsanız onu öylece sevecek başka birisi olabilir. Ne kendi zamanınızı harcayın ne de eşinizinkini. Saygı budur.

Eğer uyuşturucuyu sağlayan siz, bağımlısı eşinizse ve istcdiğiniz de bu değilse belki başka birisiyle daha mutlu olabilirsiniz. Ama eğer ilişkiyi sürdürmeye karar verecek olursanız elinizden geleni yapın. Yapın elinizden geleni, çünkü kazançlı çıkan siz olacaksınız. Eşinizi olduğu gibi sevebiliyor, yüreğinizi bütünüyle açabiliyorsanız sevginiz cennete erişme yolunuz olabilir.

Kediniz var ama istediğiniz köpekse ne yapabilirsiniz? Bu noktadan hareket edin. Geçmişle bütün bağlarınızı kopararak her şeye yeniden başlamayı hedefliyorsunuz. Geçmişe bağlı kalmanız gerekmez. Hepimiz iyiye doğru değişebiliriz. Eşinizle aranızda olup biten her şeyi bağışlamak yeni bir başlangıçtır. Bırakın olanlar aksın gitsin hayatınızdan, verdiğiniz önem yalnızca kişiseldi. Yaşanan yanlış anlaşmadan başka bir şey değildi. Yanlışa yol açan da yaralanmış ve ödeşmek isteyen birisinden başkası değildi. Geçmişte olup bitenle ilişkideki cennete ulaşma olasılığını bozmaya değmez. Ya sürdürmek için kendinizi bütünüyle verme yürekliliğini gösterin ya da bırakın bitsin. Bırakın geçmiş geçip gitsin, her güne sevginin daha yüksek bir düzeyinden başlayın. Bu ateşi besler, sevginizin daha da büyümesini sağlar.

İyi günle kötü günün ne olduğunu değerlendirmeniz gerek kuşkusuz. Eğer kötü gün, duygusal ya da bedensel olarak kötüye kullanılmaksa ilişkinin sürmesi gerekip gerekmediğini bilemem. Kötü gün eğer birinizden birinin işini kaybetmesi, işteki terslikler ya da kazaya uğramak ise bu da başka türlü bir zor zamandır. Yaşanan zor zamanlar korkudan, saygının yokluğundan, aşağılama ya da nefretten kaynaklanıyorsa bir çiftin bu tür kaç sınava dayanabileceğini bilemem.

Köpeğinizle ilişkinizde kötü bir zaman geçirebilirsiniz. Nedeni bir kaza, işte geçirdiğiniz kötü bir gün ya da başka ne olursa olsun böyle bir şey olabilir. Eve gelirsiniz, köpek sizi havlayıp kuyruğunu sallayarak karşılar, ilgi göstermenizi bekler. Canınız oynamak istemez ama köpek karşınızdadır. Tepkinizi üzerine alınmayacağı için oynamak istemeyişiniz köpeği yaralamaz. Gelişinizi kutlayıp oynamak istemediğini gördüğünde gider kendi kendine oynar. Durup mutlu olmanız için ısrar etmez.

Kimi zaman sizi mutlu kılmak isteyen eşinizden aldığınız destekten daha büyüğünü köpeğinizden aldığınızı hissedebilirsiniz. Mutlu değilseniz, bütün istediğiniz de rahat bırakılmaksa bunun kişisel bir yanı, eşinizle ilgisi yoktur. Belki bir sorununuz vardır ve kendi halinize bırakılmak istiyorsunuzdur. Ama suskunluğunuz eşinizin zihninde pek çok varsayıma yol açabilir. "Ne yaptım acaba? Benim yüzümden olmalı." Oysa eşinizle ilgisi yoktur, bu haliniz onunla ilgili kişisel bir nedenden ötürü değildir. Kendi halinize bırakıldığınızda gerilim dağılır, mutluluğa geri dönersiniz.

Anahtarın kilide uyması işte bu nedenle gereklidir. Çünkü birinizden biriniz kötü bir zaman ya da duygusal bir bunalım geçirecek olduğunuzda vardığınız anlaşma birbirinize ne iseniz o olma hakkını tanımaktır. İlişki başlı başına bir konu, başka bir varoluş biçimidir ve çok güzel olabilir.

İlişki sanattır. İki kişinin yarattığı bir düşte ustalaşmak tek bir kişinin düşünde ustalaşmaktan çok daha güçtür. Her ikinizin de mutluluğunun sürmesi için kendinize düşen yarıda kusursuz olmanız gerekir. İlişkide size düşen yarıdan sorumlusunuz, bu yarıda da belli bir miktar atılacak birikim bulunuyor. Bu çöp yığını sizin yığınınız. Halletmesi gereken sizsiniz, eşiniz değil. Eğer boşaltmaya o kalkışırsa işin sonu sürten burnu olacaktır. Burnumuzu istenmeyen yerlere sokmamayı öğrenmemiz gerek.

Aynı şey ilişkinin eşinize düşen yarısı için de geçerlidir. Onun da bir çöp yığını vardır. Bunu bilerek ona kendi işini görme olanağı verirsiniz. Çeri çöpüyle kabul eder, seversiniz. İlişkideki amacınız karşınızdakinin çöplerini boşaltmak değildir, bunu o yapar.

Eşiniz yardım istese bile hayır deme seçeneğiniz vardır. Hayır demek sevip kabul etmediğiniz anlamına gelmez. Hayır demek yalnızca bu oyunu oynayabilecek durumda olmadığınızı ya da oynamak istemediğinizi gösterir. Sözgelimi eşiniz öfkelendiğinde "Sinirlenmeye hakkın var, ama sen öfkelendiğin için benim de aynı tepkiyi göstermem gerekmez. Öfkene yol açacak bir şey yapmadım" diyebilirsiniz. Öfkesini hiç de kabul etmeniz gerekmez ama ona öfkeli olma hakkı tanıyabilirsiniz. Tartışmaya gerek yoktur. Ona olduğu gibi olma, yarasını siz karışmaksızın iyileştirme izni verin, yeter. Aynı şeyi kendi iyileşme süreciniz için de kararlaştırabilirsiniz.

Diyelim erkeksiniz. Siz mutlusunuz ama eşiniz değil. Kişisel sorunları var; kendi çöp yığınıyla yüz yüze ve mutsuz. Sevdiğiniz için destek olmak istiyorsunuz. Ama destek olmak o mutsuz olduğu için sizin de mutsuz olmanız demek değildir. Bunun desteklemekle hiç bir ilgisi yoktur. O mutsuzsa siz de mutsuzlaşırsanız ikiniz birden batarsınız. Siz mutluysanız bu onun mutluluğunu geri getirebilir.

Aynı şey tersi için de geçerlidir. Mutluluğu size destek olur. Kendi iyiliğiniz için bırakın mutlu olsun. Mutluluğu elinden almayın. İşinizde ne olursa olsun eve gelip zehrinizi ona boşaltmayın. Sessiz olun ve bunun onunla bir ilgisi olmadığını, işinizin kendinizle olduğunu bildirin. "Mutlu olmaya devam et", diyebilirsiniz. "Mutluluğunun tadına varabilecek duruma geldiğimde sana katılacağım. Ama şu anda yalnız olmaya ihtiyacım var."

Yaralı zihin kavramını anlıyorsanız sevgi ilişkilerinin neden bu denli güç olduğunu da anlayacaksınız. Duygusal beden hastadır. Yaralıdır, zehirlenmiştir. Hasta olduğumuzun ya da eşimizin hasta olduğunun ayırdında değilsek bencilleşiriz. Acı veren yaralarımızı karşımızdaki sevdiğimiz insan bile olsa korumamız gerekir. Ama durumun bilincindeysek başka türlü bir uzlaşmaya gidebiliriz. Eşimizin duygusal yaraları olduğunu bildiğimizde, onu seviyorsak kuşkusuz bu yaralara dokunmak istemeyiz. Onu yaralarını iyileştirmeye itmek istemeyeceğimiz gibi onun da bizi buna zorlamasını istemeyiz.

Riski göze alın, eşinizle yeni bir anlaşmaya gitme sorumluluğunu üstlenin. Kitabın tekinde okuduğunuz bir sözleşme değil, ilişkinizin yararına olacak bir anlaşma olsun bu. Amacına hizmet etmezse değiştirip yenisini yapın. Yeni olasılıkları araştırmak saygı ve sevgiye dayalı yeni anlaşmalar yaratmak için düş gücünüzü kullanın. İletişimi saygı ve sevgi üzerine kurmak sevgiyi canlı kılıp ilişkinin asla can sıkıcı bir hale gelmemesinin yegane anahtarıdır. Kendi sesinizi bulup gereksinimlerinizi dile getirmek, kendiniz ve eşinize güvenmektir.

Eşinizle paylaştığınız karşılıklı çöp yığınları değil, sevginiz, aşkınız ve anlayıştır. Amaç ikiniz için de mutluluğunuzun arttıkça artmasıdır. Bu, ilişkinize sevgi, gittikçe daha çok sevgi getirecektir. Tıpkı köpeğin kusursuz bir köpek olduğu gibi siz ve eşiniz kusursuz kadın ve erkeksiniz. Eşinize saygı ve sevgiyle davranırsanız bundan kazançlı çıkan kim olacaktır? Siz.

Kendi yarınızı iyileştirin, mutlu olacaksınız. Eğer bunu yaparsanız korkusuz, ihtiyaca dayanmayan bir ilişkiye hazır olacaksınız. Ama unutmayın, siz yalnızca kendi yarınızı iyileştirebilirsiniz. Bir ilişki içindeyseniz ve siz kendi yarınız, eşiniz de kendi yarısı üzerinde çalışıyorsa gelişimin ne kadar çabuk geldiğini göreceksiniz. Sizi mutlu kılan sevgidir. Siz ve eşiniz sevginin hizmetkarları haline geldiğinizde önünüze serilecek olanaklar sınırsızdır. Suçluluktan, suçlamalardan, öfkeyle kederden uzak eşinizle birlikte olacağınız gün gelecek. Yalnızca paylaşmak, hizmet etmek, sevginizi vermek için kendinizi bütünüyle açacağınız o gün olağanüstü olacak.

Bir çift olmaya karar verdiğinizde sevip seçtiğinize sevginizi sunmak, birbirinizin hizmetkarı olmaktır amacınız. Her öpücükte, her dokunuşta karşılığında bir şey istemeksizin sevdiğinize zevk vermek için orada olduğunuzu duyumsarsınız. Cinsellikten öte birlikte olmaktır bu. Cinsellik de harika bir şey haline gelir ama bütünüyle farklıdır. Törene dönüşür, tam bir teslim oluş, dans, sanat, güzelliğin üstün bir ifadesi olur.

Bir anlaşma yapıp "Senden hoşlanıyorum", diyebilirsiniz. "Harikasın ve bana kendimi çok iyi hissettiriyorsun. Çiçekleri ben getireyim, güzel müzikleri sen. Dans edip bulutlara erişelim." Güzel, olağanüstü, romantik bir şey olacaktır bu. Olan, bir güç savaşı olmaktan çıkmış, hizmete dönüşmüştür. Ama bunu ancak kendinize duyduğunuz sevgi çok güçlüyse yapabilirsiniz.

6

Sihirli Mutfak

Evinizde sihirli bir mutfağınız olduğunu hayal edin. Bu mutfakta dünyanın herhangi bir yerinden dilediğiniz yiyeceğe dilediğiniz kadar sahip olabiliyorsunuz. Yiyecek konusunda tasalanmanıza hiç gerek yok. Ne isterseniz sofranızda beliriyor. Son derece cömertsiniz, yiyeceklerinizi koşulsuzca, karşılığında herhangi bir şey istemeksizin başkalarına sunuyorsunuz. Evinize kim gelirse gelsin yalnızca paylaşmanın zevki için besleyip doyuruyorsunuz. Eviniz her zaman sihirli mutfağınızın yemeklerinden yemek isteyenlerle dolup taşıyor.

Derken günün birinde kapınız çalınıyor. Elinde pizzayla birisi gelmiş. Kapıyı açıyorsunuz, karşınızdaki size bakıp "Şu pizzayı görüyor musun" diye soruyor. "Bana yaşamını kontrol etme izni ver, senden istediklerimi yap, pizzayı sana vereyim. O zaman hiç aç kalmazsın, çünkü sana her gün pizza getiririm. Bütün yapacağın bana iyi davranmak."

Tepkinizi canlandırabiliyor musunuz? Aynı pizza, belki daha bile iyisi sizin mutfağınızda var. Ama bu kişi gelip istediği her şeyi yapmanız karşılığında size yiyecek vermeyi öneriyor. Güler, "Hayır teşekkürler. Senin yiyeceğine ihtiyacım yok. Mutfağım yiyecek dolu. Evime gelip istediğini yiyebilirsin, karşılığında bir şey yapman gerekmez. Benden istediklerini yapacağımı düşünme. Beni kimse yiyecekle parmağında oynatamaz" dersiniz.

Şimdi de tam tersini düşünün. Haftalar geçmiş, doğru dürüst yemek yememişsiniz. Açlıktan ölüyorsunuz, cebinizde para da yok. Elinde pizzayla çıka gelen kişi, "Bak, sana verecek yiyeceğim var. Alman için senden istediğimi yapman yeter" diyor. Yiyeceğin kokusu burnunuza geliyor, açsınız. Kabul etmeye karar veriyorsunuz. Siz biraz yedikten sonra, "Daha fazlasını istiyorsan alabilirsin ama istediklerimi yapmaya devam etmen gerek" diyor.

Bugün yiyecek bir şeyleriniz var ama yarın olmayabilir. Onun için ne gerekiyorsa yapmaya karar veriyorsunuz. Yiyecek gereksiniminiz ve yokluk yüzünden köle haline gelebilirsiniz. Bir süre sonra kuşkular belirir içinizde. "Pizzam olmazsa ne yaparım? Pizzasız yaşayamam. Ya eşim benim pizzamı başkasına verecek olursa?" dersiniz.

Yiyeceğin yerindeki sevgi olsun. Yüreğiniz sevgiyle dolup taşıyor. Sevginiz yalnız size değil bütün dünyaya yetecek kadar bol. Öylesine sevgi dolusunuz ki kimsenin sevgisine ihtiyacınız yok. Sevginizi şart koşmadan paylaşıyorsunuz. Sevgi milyonerisiniz. Birisi kapınızı çalıp "Sana verecek sevgim var. İstediğimi yap, senindir" diyor.

Sevgi doluysanız tepkiniz ne olur? Güler, "Teşekkürler ama sevgine ihtiyacım yok. Yüreğimde aynı sevgi, hatta daha büyüğü, iyisi var ve onu da koşulsuzca paylaşıyorum" dersiniz.

Ama ya sevgi açlığı çekiyorsanız, yüreğinizde sevgi yoksa

ve birisi çıka gelip, "Biraz sevgi ister misin? İstediklerimi yapacak olursan sevgimi alabilirsin" diyecek olursa? Bu sevgi için her şeyi yaparsınız. Hatta öyle yoksullaşırsınız ki bir parça sevgi için ruhunuzu verirsiniz.

Yüreğiniz o sihirli mutfak gibidir. Açarsanız gereksindiğiniz bütün sevgiyi bulursunuz. Diyar diyar dolaşıp "Ne olur, birisi sevsin beni. Öyle yalnızım ki, sevgiye layık değilim, beni sevecek, sevilmeye layık olduğumu kanıtlayacak birisine ihtiyacım var" diye sevgi dilenmenize gerek yok. Sevgi içimizde ama bu sevgiyi göremiyoruz.

Sevgisiz olduklarına inandıklarında insanların yarattığı dramı görebiliyor musunuz? Sevgi açlığı çekiyor, başka birisinden biraz sevgi gördüklerinde büyük bir gereksinim yaratıyorlar. Aldıkları bu sevgi onları muhtaç ve saplantılı kılıyor. Büyük dram da işte o zaman başlıyor: "Ya beni terk ederse? Ne yaparım o zaman?" Uyuşturucu satıcısı, gündelik dozlarını sağlayan insan olmaksızın yaşayamaz hale geliyorlar. Açlığını çektikleri bu bir parça sevgi uğruna başkalarının yaşamlarını yönetmelerine izin veriyorlar. Bırakıyorlar başkaları onlara ne yapacaklarını, ne yapmamaları gerektiğini, nasıl davranacaklarını, giyineceklerini, neye inanacaklarını, neye inanmayacaklarını söylesin. "Eğer şöyle davranırsan seni severim. Yaşamının dizginlerini elime verirsen severim seni. Yalnızca bana iyi davranırsan severim. Davranmazsan unut sevilmeyi."

İnsanların sorunu yüreklerinde sihirli bir mutfak taşıdıklarını bilmemeleri. Bütün bu acının nedeni yüreklerimizi uzun zaman önce kapayıp oracıktaki sevgiyi duyumsayamaz olmamız. Yaşamımızın bir dönemine geliyor, sevginin adil olmadığına inandığımız için sevmekten korkmaya başlıyoruz. Sevgi can yakıyor. Başka birisine iyi davranmaya, başkalarınca kabul edilmeye çalışıyor, başarısızlığa uğruyoruz. İki üç sevgilimiz, birkaç da kırık kalp oluyor hanemizde. Yeniden sevmeyi fazlasıyla tehlikeli buluyoruz.

Kendimize yönelik öylesine çok yargımız var ki öz sevgiden yoksun kalıyoruz. Ama kendimize karşı sevgiden yoksunken sevgiyi başka birisiyle paylaştığımızı nasıl söyleyebiliriz? Öylesine benciliz ki yaşamımızı paylaştığımız insanın da bizim kadar muhtaç olmasını istiyoruz. Varlığımıza anlam katmak, yaşamamızın bir nedeni olduğunu duyumsamak için "bana gereksinen birisini" istiyoruz. Aradığımızın sevgi olduğunu sanıyoruz. Oysa peşinde olduğumuz "bana gereksinen", çekip çevirebileceğimiz birisi.

İnsan ilişkilerinde bir güç savaşı sürüp gidiyor. Bunun nedeni, başkalarının dikkatini elde etmek için rekabete girişmek üzere evcilleştirilmiş olmamız. Sevgi olarak adlandırdığımız, varlığımıza gereksinen, bize bakan birisine duyulan gereksinim; bu sevgi değil bencillik. Bencillik bir işe yarayabilir mi? Yarayamaz, çünkü sevgi barındırmaz. İlişkideki her iki insan da sevginin açlığını çeker. Yaşadıkları cinsellikte tattıkları bir parça sevgi sevgisizlikten kıvrandıkları için bağımlı kılar onları. Sonra da bütün yargılar yağmur gibi yağar. Korku. Suçlama. Yaşanan olanca dram.

Sevgi ve cinsellik üzerine yol göstericilik ararız. Bu konuda hepsi birden "Cinsellikte bencil olmanın yolları" başlığı altında toplanabilecek pek çok kitap yazılmıştır. Güdülen niyet iyidir ama ya sevgi, o nerededir? Böyle kitaplar sevgiyi öğrenmeye ilişkin değildir. Sevgi üzerine öğretecekleri hiçbir şey yoktur. Her şeyin genlerimizde, doğamızda olup bittiğini söylerler. Bu yanılsamalar dünyasında icat ettiğimizin ne olduğu dışında öğreneceğimiz herhangi bir şey yoktur. Sevgiyle çepeçevre kuşatılmışken dışımızda ararız onu. Sevgi her yerdedir. Ama görecek gözümüz yok. Duygusal bedenimiz artık sevgiye uyumlu değil.

Sevmek güvenli olmadığı için sevgiden korkuyoruz. Geri çevrilmek ürkütüyor bizi. Gerçekte olmadığımız gibi davranmamız gerekiyor. Kendi kendimizi kabul etmezken kabulü eşimizden görmeye çalışıyoruz. Ama sorun eşimizin bizi geri çevirmesi değil. Sorun kendi kendimizi geri çevirmemiz, çünkü kabul edilmeye değmiyoruz, çünkü inandığımız bu.

Temel sorun kendi kendimizi reddetmemiz. Kusursuzluk anlayışı baştan sona yanlışken kendi gözünüzde hiçbir zaman yeterince iyi olamazsınız. Kusursuzluk sahte bir kavramdır, aslında gerçek bile değildir. Ama varlığına inanıyorsunuz. Kusursuz olmadığınız için kendinizi kabul etmiyorsunuz. Kendinize yönelen reddin şiddetini belirleyense yetişkinlerin bütünlüğünüzü ne ölçüde kırmış olduğudur.

Evcilleştirilmenizi izleyen dönemde artık söz konusu olan başkalarının gözünde iyi birisi olmak değildir. Kendi gözünüzde iyi bir insan olmaktan çıkarsınız. Büyük Yargıç içinize çöreklenmiş size kusursuz olmadığınızı anımsatıp duruyordur. Daha önce de söylediğim gibi, olmayı istediğiniz gibi olmadığınız için kendinizi asla bağışlamazsınız, bu da gerçek bir sorundur. Durumu değiştirebilirseniz ilişkinin size düşen yarısının sorumluluğunu üstlenebilirsiniz. Diğer yarı sizin sorununuz değildir.

Birisine onu sevdiğinizi söyleseniz, o da sizi sevmediği karşılığını verse, bu sizin için bir acı kaynağı mıdır? Birisinin sizi geri çevirmesi aynı şeyi kendi kendinize yapmanızı gerektirmez ki. Sizi birisi sevmiyorsa başka birisi sevecektir. Her zaman başka birisi vardır. Sizinle olmayı isteyen birisiyle birlikte olmak, sizinle olması gereken birisiyle olmaktan daha iyidir.

Dikkatinizi sahip olabileceğiniz en güzel ilişkide yoğunlaştırmalısınız; kendinizle ilişkinizde. Burada söz konusu olan bencillik değil, öz sevgidir. Bu ikisi aynı şey değildir. Bencilliğin nedeni sevgisizliktir. Kendinizi sevmelisiniz, işte bu sevgi büyüdükçe büyür. Ondan sonra bir ilişkiye girdiğinizde amacınız sevilmek olmaz. İlişki bir seçime dönüşür. Birisini eğer istiyorsanız seçer, gerçekte kim olduğunu görebilirsiniz. Sevgisine gereksinmiyorsanız kendi kendinize yalan söylemeniz gerekmez.

Siz bir bütünsünüz. Sevgi içinizden geldiğinde sevgi arayışınızın nedeni yalnızlık korkunuz olmaz. Kendinize karşı duyduğunuz onca sevgi içinde yalnız da olursunuz, sorun değildir. Yalnız olmaktan mutluluk duyar ama paylaşmaktan da zevk alırsınız.

Sizden hoşlanıyorsam birlikte zaman geçirmemiz neye hizmet edecektir? Kıskançlığa mı, birbirimizi parmağımızda oynatmaya mı? Eğer böyleyse hiç de hoş bir yanı yoktur bunun. Eğer eleştirilecek ya da yargılanacak, kendimi kötü hissedeceksem, o zaman hayır, teşekkürler. Eğer acı çekeceksem yalnız olmak daha iyi olacaktır. İnsanlar bir dram canlandırmak, birbirlerini sahiplenmek, cezalandırmak ya da kurtarılmak için mi bir araya gelirler? Birlikte olmalarının nedeni gerçekten de bu mudur? Elbette bütün bu seçenekler elimizdedir. Ama aradığımız sahiden bu mudur?

Beş, altı, yedi yaşlarında bir çocukken bizi başka çocuklara çeken şey oyun, eğlence isteğimizdir. Kavga etmek ya da büyük bir dram yaşamak istediğimiz için başka bir çocukla zaman geçirmeyiz. Bu da olabilir ama saman alevidir. Biter, biz de oyunumuzu sürdürürüz. Sıkıldığımızda başka bir oyuna geçer, kuralları değiştirir ve sürekli araştırırız.

Eğer bir ilişkiye dram yaşamak için giriyorsanız bunun nedeni kıskanç, sahiplenici olmak, eşinizin yaşamını idare etmek istemenizdir. Aradığınız eğlence değil acıdır, bulacağınız da bu olacaktır. İlişkiye eşinizin sizi mutlu etmesi gibi bir beklentinin ardındaki bencillikle girerseniz bu beklenti gerçekleşmez. Gerçekleşmemesi de eşinizin değil sizin hatanız olur.

Herhangi bir ilişkiye girdiğimizde istediğimiz, paylaşmak, zevkini tatmak, eğlenmek, sıkılmamaktır. Kendimize bir eş arıyorsak oynamak, mutlu olmak, olduğumuz gibi olmaktan zevk aldığımız içindir. Biriktirdiğimiz çöp yığınını sevdiğimizi öne sürdüğümüz kişinin üzerine boca etmek, onu olanca kıskançlığımız, öfke ve bencilliğimizle yıkamak için bir eş seçmeyiz. Nasıl olur da sevdiğini söyleyen birisi size kötü davranabilir, kullanıp küçük düşürebilir, saygısızlık edebilir? Bu insan sizi sevdiğini iddia edebilir, ama sevgi bu mudur? Seviyorsak sevdiklerimiz için en iyiyi isteriz. Neden çöp yığınlarımızı çocuklarımıza aktaralım? Biz korku ve duygusal zehirle doluyuz diye neden kötüye kullanalım onları? Kendi birikintilerimizin suçunu neden anne babamızın üzerine atalım?

İnsanlar bencil olmayı, yüreklerini mühürlemeyi öğreniyor. Sevgi açlığıyla kıvranıyor, yüreğin sihirli bir mutfak olduğunu bilmiyorlar. Sihirli mutfak sizin yüreğiniz. Açın yüreğinizi. Sihirli mutfağınızın kapısını açın ve sevgi dilenerek dört dönmeye bir son verin. Gereksindiğiniz bütün sevgi yüreğinizde. Kalbiniz yalnızca kendiniz için değil, bütün dünya için istediğiniz kadar sevgi yaratabilir. Sevginizi koşulsuzca sunabilirsiniz. Dilediğinizce verebilirsiniz, çünkü yüreğinizde sihirli bir mutfak bulunuyor. İşte o zaman, yüreğin mühürlü olduğunu sanıp sevgi yokluğu çeken bütün insanlar sevginiz için yanınızda olmak ister.

Sizi mutlu kılan içinizden gelen sevgidir. Sevginizi cömertçe sunarsanız sizi herkes sever. Vericiyseniz asla yalnız olmazsınız. Bencilseniz her zaman yalnızlıkla biter yolunuz. Bundan ötürü de sizden başka suçlanacak kimse yoktur. Bütün kapıları açacak olan vericiliğinizdir, bencilliğiniz değil.

Bencillik yürek yoksulluğundan, sevginin bol olmadığına inanmaktan kaynaklanır. Ertesi gün yiyecek pizza bulamayabilecek olduğumuzu sandığımız zaman bencil oluruz. Ama yüreğimizin sihirli bir mutfak olduğunu bilirsek gönülden veririz, sevgimiz de koşul tanımaz.

Sonsuzluğun ötesi içinizdedir

7

Düş Ustası

Yaraları sarılamayacak ilişkiniz yoktur. Her ilişki çok güzel olabilir ama yola koyulmak size düşüyor. Gerçek'ten yararlanma, kendinize gerçeğin diliyle seslenirken bütünüyle dürüst olma cesaretini göstermeniz gerekiyor. Bütün dünyaya karşı dürüst olamasanız da kendi kendinize karşı olabilirsiniz. Çevrenizde olup bitene siz karar veremeseniz de kendi tepkilerinizi belirleyebilirsiniz. Tepkileriniz yaşamınızın düşüne, kişisel düşünüze yol gösterecektir. Sizi mutlu ya da mutsuz kılan tepkilerinizdir.

Olağanüstü bir yaşam sürdürmenin anahtarıdır tepkileriniz. Kendi tepkilerinizi kontrol altına almayı başarırsanız alışkanlıklarınızı, oradan da yaşamınızı değiştirebilirsiniz.

Yaptığınız, düşünüp söylediğiniz her şeyin sonuçlarından siz sorumlusunuz. Hangi eylemlerinizin ne sonuç verdiğini, nasıl düşüncelere, duygulara yol açtığını görmek gücünüze gidiyor olabilir ama hareketlerinizin doğurduğu sonuçları duyduğunuz acı ya da mutlulukta görebilirsiniz. Kişisel düşünüzü yaptığınız seçimlerle belirlersiniz. Seçimlerinizin sonuçlarından hoşlanıp hoşlanmayacağınızı düşünmeniz gerekir. Size mutluluk verecek bir sonuç doğuracak eyleminizi sürdürün. Ama hareketinizin yaşamınızda yol açtığı değişiklik ve yaşadığınız düş zevk vermekten uzaksa hoşunuza gitmeyen sonuçlara neyin yol açtığını bulmaya çalışın. Düşünüzü dönüştürmenin yolu budur.

Yaşamınız kişisel düşünüzün ifadesidir. Kişisel düşünüzün programını dönüştürebilirseniz bir düş ustası haline gelebilirsiniz. Düş ustası yaşamından bir baş yapıt yaratandır. Ama insanlar kendi düşlerinin kölesi haline geldiği için düşlerde ustalaşmak son derece zorlu bir iştir. Düşlemeyi öğrenme yolumuz bir uyarlama sorunudur. Hiçbir şeyin olası olmadığına duyduğumuz güçlü inanç nedeniyle Korku Düşünden kaçınmamız zordur. Düşten uyanabilmek için Düşün ustası olmanız gerekir.

Toltekler işte bu nedenle eski Düşten kurtulup Düşten kaçmak da dahil olmak üzere her şeyin olası olduğu yeni bir düş oluşturmak için Dönüşüm Ustalığını yarattı. Dönüşüm Ustalığında insanları Düşçüler ve Avcılar olmak üzere ikiye ayırdılar. Düşçüler düşün bir yanılsama olduğunu bilir ve yanılsama dünyasında bunun bir yanılsama olduğunu bilerek oynarlar oyunlarını. Avcılarsa bir kaplan ya da jaguar gibi her bir etki ve tepkinin izini sürer.

Kendi tepkilerinizi izlemeli, her an kendi üzerinizde çalışmalısınız. Bu da hayli zaman ve cesaret ister, çünkü her şeyi üzerinize alınıp her zamanki gibi tepki göstermek daha kolaydır. Tepkileriniz daha fazla duygusal zehir üretip dramı büyütmekten başka işe yaramadığı için alışılmış biçimde tepki göstermek pek çok yanlış ve acıya yol açar.

Tepkilerinizi denetleyebilirseniz kısa sürede şeyleri oldukları gibi algıladığınızı göreceksiniz. Zihin doğal olarak şeyleri olduğu gibi algılar ama kendimizi koşullama biçimimiz ve inançlarımız nedeniyle algıladıklarımız, işittiklerimiz, gördüklerimizi yorumlarımızın süzgecinden geçiririz.

İnsanların Düş içindeki görme biçimleriyle yargılamaksızın olduğu gibi görme arasında büyük bir fark vardır. Fark duygusal bedeninizin algıladıklarınıza tepkisindedir. Sözgelimi sokakta yürürken "Sen aptalın tekisin!" diyerek geçip giden tanımadığınız birini pek çok şekilde algılayıp tepki gösterebilirsiniz. Söylediğini kabul edip "Herhalde öyleyim" diye düşünebilirsiniz. Öfkelenebilir kendinizi aşağılanmış hissedebilir ya da hiç aldırmazsınız.

Gerçek, bu kişinin kendi duygusal zehriyle boğuşmakta olduğudur. Önüne ilk çıkan siz olduğunuz için öyle bir laf atmıştır. Söylediğinin sizinle ilgisi yoktur. Kişileri hedef alan hiçbir şey yoktur bunda. Gerçeği olduğu gibi görürseniz tepki göstermezsiniz.

"Ne kadar acı çekiyor" der, üzerinize alınmazsınız. Bu tek bir örnek ama her an yaşanan hemen her şeye uygulanabilir. Her şeyi üzerimize alıp aşırı tepki göstermemize neden olan küçük bir egomuz var. Anında gösterdiğimiz tepkiyi düşümüzün parçası kıldığımız için gerçekte neyin olduğunu görmüyoruz.

Tepkileriniz derinliklerinizdeki gizli bir inançtan kaynaklanıyor. Tepki biçiminiz binlerce kez yinelenmiş ve alışkanlık haline gelmiş. Belli bir biçimde varolmaya koşullanmışsınız. Sizi bekleyen zorlu sınav da bu; doğal tepkilerinizi, alışkanlıklarınızı değiştirip riski göze alarak farklı seçimler yapmak. Sonuç istemediğiniz bir şeyse istediğiniz sonuca ulaşana dek yeniden ve yeniden değiştirin.

Yargıç, Kurban ve İnanç sistemi demek olan Paraziti asla

seçmediğimizi söylemiştim. Seçeneğimiz olmadığını biliyorsak, bunun düşten öte bir şey olmadığının farkındaysak yitirdiğimiz çok önemli bir şeyi yeniden kazanırız. Dinlerin "özgür irade" olarak adlandırdığı şeydir bu. Dinler, insanları yaratırken Tanrının özgür irade bağışladığını söyler. Bu gerçektir. Ama Düş bu gerçeği bizden alır ve saklar. Çünkü Düş çoğu insanın iradesini kontrolü altında tutmaktadır.

"Değişmeyi gerçekten istiyorum. Bunca yoksul olmam için hiçbir neden yok. Zeki bir insanım, iyi bir yaşamı, şimdi kazandığımdan çok daha fazlasını kazanmayı hak ediyorum" diyen insanlar vardır. Bunu bilirler ama bilgiyi onlara ileten zihinleridir. Ne yapar bu insanlar? Gider televizyonu açar, karşısında saatler geçirirler. İradeleri ne denli güçlüdür?

Bize seçme olanağı kazandıran farkındalığımızdır. Farkındalığımızı sürekli kılarak alışkanlıklarımızı, tepkilerimizi, bütün yaşamımızı değiştirebiliriz. Farkındalığa eriştiğimizde özgür iradeyi yeniden kazanırız. Özgür iradeyi yeniden kazandığımızda gerçekte kim olduğumuzu herhangi bir zamanda anımsamayı seçebiliriz. Farkındalık kazanmışsak unuttuğumuz gerçek kimliğimizi yeniden anımsamayı seçebiliriz.

Farkındalık kendi yaşamınızın sorumluluğunu üstlenmek demektir. Dünyada olup bitenden sorumlu değilsiniz. Kendinizden sorumlusunuz. Dünyayı siz bu hale getirmediniz. Dünya sizin doğumunuzdan önce böyleydi. Dünyayı, toplumu kurtarmak gibi büyük bir görevle doğmadınız. Ama kuşkusuz başka bir büyük, önemli görevle dünyaya geldiniz. Hayattaki gerçek misyonunuz kendinizi mutlu etmek. Bunun için neye inandığınızı, kendinizi yargılama, kurban kılma biçiminizi görmeniz gerek.

Mutluluğunuz konusunda kendinize karşı dürüst olun. Gerçekte kendinizi sevmezken "Bakın bana. Başarılıyım, istediğim her şeye sahibim. Çok mutluyum" diyerek çevrenize sahte bir mutluluk yansıtmayın.

Gereksindiğimiz her şey önümüzde ama gerçekten yararlanmak için önce gözlerimizi açıp gerçeğin ne olduğunu görme cesaretini göstermemiz gerek. İnsanların gözleri kör. Kör çünkü görmek istemiyorlar. Bir örneğe göz atalım:

Genç bir kadın, gördüğü an güçlü bir çekim hissettiği bir erkekle karşılaşır. Hormonları alevlenir, erkeği arzu eder. Bütün arkadaşları adamın nasıl biri olduğunu görür. Uyuşturucu bağımlısıdır, işi yoktur, bir kadına büyük acılar çektirecek her türlü özelliğe sahiptir. Kadın adamı görür. Ama nedir gördüğü? Yalnızca görmek istediği. Uzun boylu, yakışıklı, güçlü, hoş birisi olduğunu görür. Erkeğin bir imgesini yaratır. Görmek istemediğini yadsır. Kendisine yalan söyler. İlişkinin yürüyeceğine inanmayı gerçekten istemektedir. Arkadaşları "Ama bağımlının teki o, alkolik, işsiz" derler. "Evet, ama sevgim onu değiştirecek" diye karşılık verir.

Annesi adamdan hiç hoşlanmaz elbette, babası da öyle. Olacakları gören anne babası kızlarının geleceği konusunda tasalanır. "Sana uygun biri değil" derler. Genç kadın "Hayatıma karışıyorsunuz" diye yanıtlar. Hormonlarının güdüsünü izlemek üzere anne babasına karşı çıkar. Seçimini doğrulamak için kendisine yalan söyler. "Bu benim hayatım. İstediğimi yaparım" der.

Aylar geçer, ilişki kadının gözlerini açar. Gerçek ortaya çıkmaya başlamıştır. Daha önce görmek istemediği şeylerden ötürü erkeği suçlar. Arada saygı yoktur, kötüye kullanılma vardır ama şimdi gururu önem kazanmıştır. Anne babası haklı çıkmışken eve nasıl dönecektir? Haklı çıkmanın onları sevindireceğini düşünür. Bu kadının dersini alması ne kadar sürecektir? Kendisini ne kadar sevmektedir? Kendini kötüye kullanmanın sınırları nedir?

Bütün bu acının nedeni gözümüzün önünde açık seçik duranı görmek istemememizdir. Olumlu bir izlenim yaratmaya çalışan birisiyle karşılaşacak bile olsak sevgi ve saygıdan yoksun oluşunu bu sahte maskenin ardında gizleyemeyecektir. Ama görmek, işitmek istemeyiz. Eski zamanlarda bir peygamberin "Kimse görmeyi reddeden birisinden daha fazla kör olamaz. İşitmek istemeyen insandan daha sağırı yoktur. Anlamak istemeyenden çılgını bulunmaz" demesinin nedeni budur.

Gerçekten, körlüğümüzün bedelini ödüyoruz. Gözümüzü açar yaşamı olduğu gibi görürsek büyük bir duygusal acının önüne geçeriz. Bu risk almayacağımız anlamına gelmez. Yaşayan varlıklarız, riskleri göze almamız gerekiyor. Başarısızlığa uğrasak ne çıkar ki? Kim aldırır? Önemli değildir. Dersimizi alır yargılamaksızın yolumuza devam ederiz.

Yargılamaya, suçlayıp suçluluk duymaya gerek yok. Bütün yapmamız gereken gerçeği kabul edip yeni bir başlangıca niyet etmek. Kendimizi olduğumuz gibi görebilmemiz öz kabule, kendini reddetmeye son vermeye doğru attığımız ilk adımdır. Kendimizi olduğumuz gibi kabul edebilirsek bu noktadan başlayarak her şey değişebilir.

Herkesin bir bedeli vardır, Yaşam bu bedele saygı gösterir. Ama bu bedel dolar ya da altınla ölçülmez. Sevgiyle ölçülür. Bundan da öte öz sevgiyle ölçülür. Kendinizi ne kadar sevdiğiniz sizin bedelinizdir. Yaşam bu bedele saygı gösterir. Kendinizi sevdiğinizde bedeliniz çok yüksektir, bu da kullanılmaya karşı hoş görünüzün çok düşük olduğu anlamına gelir. Düşüktür, çünkü kendinize saygı duyarsınız. Kendinizi olduğunuz gibi seversiniz, bu da bedelinizi yükseltir. Kendinizde sevmediğiniz şeyler bulduğunuzda bedeliniz biraz düşecektir.

Kimi zaman kendini yargılama öylesine güçlüdür ki insanların kendi kendileriyle kalabilmeleri için kendilerini uyuşturmaları gerekir. Birisinden hoşlanmadığınızda yanından ayrılabilirsiniz. Bir topluluk hoşunuza gitmiyorsa uzaklaşabilirsiniz. Ama sevmediğiniz kendiniz ise kaçacağınız hiçbir yer yoktur. Kendinizle baş başa kalmamak, zihninizi kendinizden uzaklaştırmak için sizi uyuşturacak bir şeylere baş vurmanız gerekir. Belki bir miktar alkol olacaktır size yardım eden. Uyuşturucu belki. Ya da yemek, durmadan yemek. Kendinize yönelik kötüye kullanma daha da kötüleşebilir. Gerçek anlamda kendisinden nefret eden kişiler vardır. Kendilerine karşı tavırları yıkıcıdır. Daha hızlısına cesaretleri olmadığı için ölüme yavaş yavaş giderler.

Yıkıcılığı kendisine yönelik insanları gözlemlediğinizde yaşamlarına tıpkı kendilerine benzeyen insanları çektiklerini görürsünüz. Kendimizi sevmediğimizde ne yaparız? İçmek için bir bara dalar ve bilin bakalım kimlerle karşılaşırız? Tıpkı bizim gibi kendinden kaçmaya, kendilerini uyuşturmaya çalışan insanlarla. Birlikte uyuşur, acılarımızdan söz eder ve birbirimizi gayet iyi anlarız. Durum hoşumuza bile gitmeye başlar. Aynı frekansta titreştiğimiz için birbirimizi son derece iyi anlarız. Her ikimiz de kendimize karşı yıkıcıyızdır. Sonra da ben size acı veririm, siz de bana. Kendimizi mükemmel bir cehennem ilişkisi içinde buluruz.

Değiştiğinizde ne olur? Herhangi bir nedenden ötürü alkole gereksinmeniz kalmaz. Kendinizle baş başa olmak sorun değildir artık, zevkine varırsınız. Siz içmezsiniz ama arkadaşlarınız aynıdır, herkes içer. Kendilerini duygusuzlaştırır mutlu olurlar. Ama siz mutluluklarının gerçek olmadığını açıkça görürsünüz. Mutluluk dedikleri duygusal acılarına karşı çıkmaktır. Bu "mutluluk" içinde öylesine yaralıdırlar ki başkaları ve kendilerini yaralamaktan zevk alırlar.

Çevrenize uymaz olursunuz. Artık onlar gibi olmadığınız için size karşı kızgınlık duyarlar. "Beni dışlıyorsun. Çünkü artık bana katılmıyorsun, birlikte kafa bulmuyoruz." Bir seçim yapmanız gerekmektedir. Ya geri adım atar ya da başka bir dalga boyuna geçerek kendilerini tıpkı sizin kendinizi olduğu gibi kabul eden insanlarla karşılaşırsınız. Gerçekliğin başka bir boyutu, yeni bir ilişki biçimi olduğunu görür, kötüye kullanma ve kullanılmayı reddedersiniz.

8

Cinsellik: Cehennemin En Azılı Zebanisi

İnsanları yaradılışın dışına çıkaracak olsak yıldızlar, ay, bitkiler, hayvanlar ve geri kalan her şeyin oldukları biçimde kusursuz olduğunu görürüz. Yaşamın doğrulanması ya da yargılanması gerekmez, biz olmadan olduğu gibi olmaya devam eder. Ellerinden yargı yetilerini alarak yaradılışa insanları katarsanız bizim de tıpkı doğanın geri kalanı gibi olduğumuzu görürsünüz. Ne iyiyiz ne kötü, ne haklıyız ne de haksız. Neysek oyuz.

Gezegenin Düşünde her şeyi doğrulamaya gereksiniyoruz. Neyse ondan ibaret olan her şeyi ya iyi ya kötü, ya doğru ya da yanlış kılmaya ihtiyacımız var. İnsanlar bilgiyi durmaksızın yığıyor. İnançları, ahlaki değerleri ve kuralları ailemizden, toplumdan ve dinden öğreniyoruz. Davranış ve duygularımızı büyük ölçüde bu bilgiye dayandırıyoruz. Meleklerle şeytanları yaratıyoruz. Yarattığımız iblislerin en büyüğü de kuşkusuz seks. İnsan bedeni seks için yaratılmışken cinsellik insanların en büyük günahı sayılıyor.

Siz biyolojik ve cinsel bir varlıksınız. Doğanız bu. Bedeniniz kendine özgü bir bilgeliğe sahip. Zekası genlerde, DNA'da gizli. Onun da her şeyi anlayıp doğrulamaya ihtiyacı yok. DNA kendiliğinden bilir. Sorun cinsellik değil. Sorun, gerçekte doğrulanması, onaylanması gereken hiçbir şey yokken bilgi ve yargılarımızı eğip bükme biçimimiz. Zihnin boyun eğmesi, şeyleri olduğu gibi kabul etmesi çok güçtür. Cinselliğin, ilişkilerin ne olması gerektiğine ilişkin bütünüyle çarpıtılmış inançlarımız var.

Cehennemde cinsel ilişkiler için yüksek bir bedel öderiz. Ama güdü öylesine güçlüdür ki ilişkiye yine de gireriz. Sonra da suçluluk ve utançla dolar içimiz. Cinsellik hakkında ileri geri konuşmaları dinleriz. "Bak şu kadının yaptıklarına! Bak şu adama!" Kadının, erkeğin ne olduklarına, cinsel açıdan nasıl bir davranış sergilemeleri gerektiğine ilişkin tanımlarımız vardır. Erkekler hükmü kimin verdiğine bağlı olarak ya kazak ya kılıbıktır. Kadınlar ya sıska ya şişmandır. Kadının güzel kabul edilebilmek için nasıl olması gerektiğine ilişkin inançlarımız vardır. Doğru giysileri seçmeniz, doğru bir imge yaratmanız ve bu imgeye uyacak şekilde çekici olmanız gerekir. Yetiştirilme biçiminiz nedeniyle güzellik tanımına uymazsanız kendinizi değersiz hissedersiniz, kimsenin sizi beğenmediğini düşünürsünüz.

Cinsellikten zevk almamızı engelleyen pek çok yalana inanırız. Cinsellik hayvanlara göredir. Cinsellik kötüdür. Cinsel duygularımızdan ötürü utanç duymamız gerekir. Cinsellik üzerine yaratılan bu kurallar doğaya bütünüyle karşıdır, düşten ibarettir. Yine de inanırız. Gerçek doğanız ortaya çıkar ve bu kuralların hiçbirine uymaz. Suçluluk duyarsınız. Olmanız gerektiği gibi değilsinizdir. Yargılanırsınız; kurban edilirsiniz. Kendinizi cezalandırırsınız. Bu da adil değildir. Duygusal zehirle iltihaplanan yaralar açar.

Oyunu oynayan zihindir, bedense zihnin neye inandığına aldırmaz. Beden cinsel ihtiyaç duyar. Yaşamlarımızın belli bir anında cinsel çekimin önüne geçemeyiz. Son derece doğaldır böyle olması, sorun değildir. Tahrik edildiğinde, dokunulduğunda, görsel olarak uyarıldığında, seks olasılığı hissettiğinde beden cinsel karşılık verir. Cinsel açıdan uyarıldığını hisseder, birkaç dakika geçer, uyarılması sona erer. Uyarımın bitişiyle beden cinsel ihtiyaç hissetmeye son verir. Zihinse ayrı bir telden çalar.

Katı bir dinsel eğitim almış evli bir insansınız diyelim. Kafanız cinselliğin, iyi ile kötünün, doğru ile yanlışın ne olması gerektiğine, Tanrı nezdinde neyin günah, neyin kabul edilebilir olduğuna ilişkin düşüncelerle dolu. Cinselliği kabul edilebilir kılmak için bir anlaşma imzalamanız, evlenmeniz gerekiyor. Anlaşmayı imzalamayacak olursanız seks günahtır. Siz de bağlılık sözü verir, anlaşmayı imzalarsınız. Derken günün birinde yolda yürürken bir adamla karşılaşırsınız. Güçlü bir çekim duyarsınız; beden güçlü bir çekim hisseder. Ortada sorun yoktur. Duyduğunuz çekim harekete geçeceğiniz anlamını taşımaz. Ama son derece doğal olduğu için duygudan da kaçınamazsınız. Uyarım sona erdiğinde beden bırakır. Zihinse bedenin hissettiğini doğrulama ihtiyacı duyar.

Zihin bilir, sorun da budur. Zihniniz bilir, siz bilirsiniz ama bildiğiniz nedir? Bildiğiniz inandığınızdır. İnancınızın iyi mi kötü mu, doğru mu yanlış mı olduğu önemli değildir. Bunun kötü olduğu inancıyla yetiştirilmişsinizdir, damgayı anında yapıştırırsınız. Dram ve çatışma başlar.

Daha sonra bu adamı yalnızca aklınıza bile getirmek hormonlarınızın fışkırmasına neden olur. Zihinde tutulan hafıza kaydının gücü bedeninizde adamı yeniden görmenin etkisini yaratır. Beden zihnin düşüncesine tepki verir. Zihin bedeni rahat bırakacak olsa bedenin tepkisi hiç doğmamış gibi dağılıp gidecektir. Ama zihin anımsar ve siz tepkinizi kabul edilemez bulduğunuz için kendinizi yargılamaya koyulursunuz. Zihin yargıladığı duyguyu baskılamaya çalışır. Zihninizi baskı altına almaya çalıştığınızda ne olur biliyor musunuz? Yasaklanan düşünce üzerinde daha da yoğunlaşır. Sonra o adamı başka bir durumda görürsünüz, bedeniniz daha da güçlü bir tepki verir.

İlk seferinde tepkinizi yargılamadan doğup sönmeye bırakmış olsaydınız adamı ikinci görüşünüzde hiçbir tepki göstermeyecektiniz. Ama bir kez daha gördüğünüzde cinsel duygularınız uyanır, duygularınızı yargılar, "Aman Tanrım, hiç de doğru değil. Kötü bir kadınım ben" diye düşünürsünüz. Cezalandırılmanız gerekir, suçlusunuzdur, bir hiç için girdaba kapılıp gidersiniz. Oysa ortada hiçbir şey yoktur. Her şey zihinde olup biter. Adam belki sizin farkınıza bile varmamıştır. Düş gücünüzü çalıştırmaya başlar, varsayımlarda bulunur, adamı daha da çok ister hale gelirsiniz. Sonra bu kişiyle tanışır, konuşursunuz. Sizin için çok güzel bir şeydir. Ama takıntıya dönüşür. Çekim çok güçlüdür, korkarsınız.

Derken sevişirsiniz onunla. Bu aynı anda büyük ve olabilecek en kötü olaydır. Artık gerçekten cezalandırılmanız gerektir. "Ne tür kadınlar cinsel arzularını ahlakın önüne geçirir?" Zihnin ne oyunlar oynayacağını kim bilebilir. Acı çeker, yine de yadsımaya çalışırsınız duygularınızı. Duygusal acıdan kaçınmak için eylemlerinizi haklı göstermeye çalışırsınız: "Herhalde kocam da böyledir."

Çekim daha da güçlenir ama nedeni bedeniniz değil, oyun oynayan zihninizdir. Korku saplantıya dönüşür. Hissettiğiniz cinsel çekimden kaynaklanan korku büyüdükçe büyür. Onunla sevişmeniz güçlü bir deneyimdir. Adam güçlü olduğu için değil, cinselliğin yoğunluğundan ötürü de değil, hayır, serbest kalan gerilim ve korkudan dolayı.

Dram büyümeye devam eder. Oysa basit bir zihinsel oyundan ibarettir. Gerçek bile değildir. Sevgi de değildir, çünkü bu tür ilişkiler son derece yıkıcı bir hal alır. Kendi kendinizi yargıladığınız için öz yıkım getirir. En fazla yaraladığı da inancınızdır. İnancınızın doğru ya da yanlış, iyi ya da kötü olması önemli değildir, inançlarınızı çiğnemektesinizdir. Bizim yapmak istediğimiz de budur, ama bir kurban gibi değil, ruhsal bir savaşçı olarak. Oysa bu deneyimi cehennemin daha da derinliklerine doğru ilerlemek için kullanırsınız, cehennemden çıkmak için değil.

Zihninizle bedeninizin gereksinimleri birbirinden bütünüyle farklıdır. Ama bedeninizi zihniniz yönetir. Bedeninizin kaçınamayacağınız gereksinimleri vardır. Beslenme, barınma, uyku ve cinsellik ihtiyaçlarını karşılamak zorundasınızdır. Bedenin bütün bu gereksinimleri son derece doğal, karşılanması çok kolay ihtiyaçlardır. Sorun, zihnin bunlar benim ihtiyaçlarım demesidir. Zihnimizin yanılsama baloncuğu içinde bir imge yaratırız ve zihin her şeyin sorumluluğunu üstlenir. Yiyecek içeceğe, barınmaya, giyinmeye, sekse gereksindiğini düşünür. Oysa zihnin hiçbir fiziksel gereksinimi yoktur. Ne yiyeceğe ihtiyaç duyar, ne oksijene, su ya da cinselliğe. Bunun böyle olduğunu nasıl bilebiliriz? Zihniniz "Yemeye ihtiyacım var" dediğinde yersiniz, beden bütünüyle doyar ama zihniniz yemek ihtiyacının sürdüğünü düşünür. Yedikçe yersiniz ama zihninizi yiyeceğe doyuramazsınız, çünkü onun ihtiyacı gerçek değildir.

Başka bir örnek de örtünmektir. Evet, bedeninizin örtünmeye ihtiyacı vardır, çünkü rüzgar serin, güneş sıcaktır. Ama gereksinim duyan bedeninizdir ve onun ihtiyacını karşılamak çok kolaydır. Gereksinim zihinde olduğunda tonlarca giysiniz de olsa giysi ihtiyacınız sürer. Dolabınızı açarsınız, dolar taşar ama zihniniz tatmin olmaz. Ne der? "Giyecek de hiçbir şeyim yok."

Zihin başka bir arabaya, başka bir tatile, arkadaşlarınız için bir konuk evine gereksinir. Hiçbir zaman bütünüyle doyuramayacağınız bütün ihtiyaçlar zihne aittir. Aynı şey cinsellik için de geçerlidir. Gereksinim zihindeyse tatmin edemezsiniz. Gereksinim zihinden geldiğinde beraberinde yargıyı, bilgi birikimini de getirir. Cinselliği baş edilmesi bunca güç kılan da budur. Zihnin sekse ihtiyacı yoktur. Zihnin gerçek gereksinimi cinsellik değil sevgidir. Sevgiye zihninizden öte gereksinen ruhunuzdur. Çünkü zihniniz korkuyla hayatta kalabilir. Korku da enerjidir, zihninizi besler. Gerçi istediğiniz besin değildir ama yine de iş görür.

Bedeni zihnin zorbalığından kurtarmalıyız. Zihnimizde yeme, cinsellik gereksinimi olmadığında her şey son derece kolaylaşır. Atılacak ilk adım gereksinimleri iki sınıfa ayırmaktır; Şunlar bedenin ihtiyaçları, şunlar da zihnin.

Zihin bedenin gereksinimlerini kendininkilerle karıştırır. Çünkü kim olduğunu bilmesi gerekir. Bir yanılsama dünyasında yaşıyoruz. Kim olduğumuza ilişkin en ufak bir fikrimiz yok. Zihin bütün bu soruları yaratıyor. Ben kimim? gizemlerin en derini haline geliyor. İnsanın kendini güvenlikte hissetmesi için sorunun yanıtlanması gerekiyor. Zihin, "Ben bedenim, diyor; Gördüğüm şeyim, düşündüğüm, hissettiğim şeyim. Yaralanan, kanayanım."

Zihinle beden öylesine yakın ki zihin beden olduğuna inanıyor: "Ben bedenim." Bedenin bir gereksinimi olduğunda zihin "Benim şuna ihtiyacım var" diyor. "Ben kimim?" sorusuna yanıt aradığı için zihin bedene ilişkin her şeyi üstüne alıyor. Onun için bedenin bir noktadan sonra bedeni denetimi altına almaya çalışması son derece doğal. Sizse bir şey sizi sarsıp ne olmadığınızı görmenizi sağlayana dek öylece yaşayıp gidiyorsunuz.

Ne olmadığınızı, zihniniz beden olmadığını gördüğünde uyanmaya başlarsınız. Zihniniz, "O halde neyim ben? El miyim? Elimi kestiğimde ben olmaya devam ediyorum. Demek el değilim" der. Siz olmayanı bir yana bırakırsanız geriye gerçek siz olan kalır. Zihnin kendi kimliğini bulması uzun bir süreçtir. Bu yolda yürürken size kendinizi güvenlikte hissettiren kişisel öykünüze tutunmaktan vazgeçer, sonunda gerçekte ne olduğunuzun anlayışına kavuşursunuz.

İnançlarınızı hiçbir zaman siz seçmediğiniz için inandığınız şey olmadığınızı görürsünüz. Bu inançlar siz dünyaya geldiğinizde de oradaydı. Beden de olmadığınızı görürsünüz, çünkü işlerliğiniz bedeniniz olmaksızın başlamıştır. Düşün, zihnin siz olmadığını fark etmeye başlarsınız. Daha da derine inerseniz ruh da olmadığınızı görmeye başlarsınız. Ortaya çıkardığınız şey inanılır gibi değildir. Bir güç olduğunuzu keşfedersiniz. Bedeninizin yaşamasını, zihninizin düş görmesini sağlayan bir güç.

Siz, yani bu güç olmaksızın bedeniniz yığılır kalırdı. Siz olmaksızın düşünüz hiçliğe çözünürdü. Aslında siz Yaşam olan bu güçsünüz. Yanınızdaki birinin gözlerine baktığınızda benlik bilincinin, belirmiş (tezahür etmiş) Yaşamın parıltısını görürsünüz. Yaşam beden değildir, zihin değildir, ruh değildir. Bir güçtür yaşam. Bu güçle yeni doğmuş bir bebek çocuğa, çocuk ergene, ergen yetişkine dönüşür, çoğalır, yaşlanır. Yaşam bedeni terk ettiğinde beden çözünür, toprak olur.

Siz bedeninizden, zihninizden, ruhunuzdan geçen Yaşamsınız. Bunu keşfettiğinizde, ama mantıkla, zihinle değil, Yaşamı hissederek keşfettiğinizde çiçekleri açıp kapatan, sinekkuşunu çiçekten çiçeğe uçuran güç olduğunuzu göreceksiniz. Her ağaçta, her hayvanda, bitki ve taşta olan olduğunuzu göreceksiniz. Rüzgarı hareket ettiren, bedeninize nefes veren güçsünüz siz. Bütün evren bu güçle hareket eden yaşayan bir varlık ve o sizsiniz. Siz yaşamsınız.

Sonsuzluğun ötesi içinizdedir

9

Kutsal Avcı

Yunan mitolojisinde avcı tanrıça Artemis üzerine bir öykü vardır. Artemis avcıların en yücesiydi, çünkü çabasızca avlanıyordu. Gereksinimlerini kolaylıkla karşılıyor, ormanla kusursuz bir uyum içinde yaşıyordu. Ormandaki her şey Artemis'i seviyor, onun tarafından avlanmayı onur sayıyordu. Hiç avlanır gibi görünmezdi Artemis. Gereksindiği ona gelirdi. En iyi avcı olmasının nedeni buydu ama bu onu aynı zamanda da en güç av haline getiriyordu. Tanrıçanın hayvan biçimi, avlanması neredeyse olanaksız, büyülü bir geyikti.

Artemis, kralın Herkül'e bir görev verdiği güne dek ormanda kusursuz bir uyum içinde yaşadı. Herkül kendi kurtuluşu için savaşıyordu. Kralın verdiği görev Artemis'in büyülü geyiğini avlamaktı. Zeus'un yenilgi bilmez oğlu Herkül karşı çıkmadı. Geyiği avlamak için ormana girdi. Herkül'ü gören geyik korkmadı ondan. Yaklaşmasına izin verdi ama Herkül yakalamaya çalıştığında kaçtı. Artemis'ten bile iyi bir avcı haline gelmeden bu geyiği yakalamasının yolu yoktu.

Herkül, tanrıların ulağı, ölümsüzlerin en hızlısı Hermes'i çağırıp kanatlarını ödünç aldı. Artık Hermes kadar hızlıydı. Avların en değerlisi çok geçmeden elindeydi. Artemis'in tepkisini hayal edebilirsiniz. Herkül tarafından avlanmış, ödeşmek istiyordu elbette. O da Herkül'ü avlamak için elinden geleni yaptı, ama artık Herkül'dü en zor av. Öylesine özgürdü ki Herkül, Artemis ne yaptıysa da tutamadı onu.

Artemis'in Herkül'e hiç mi hiç ihtiyacı yoktu. Onu ele geçirmek için güçlü bir istek duydu. Ama bu, kuşkusuz bir yanılsamadan ibaretti. Herkül'e aşık olduğunu sandı, onu kendisine istedi. Kafasında tek bir şey vardı; Herkül'e sahip olmak. İsteği mutluluğunu alıp götüren bir saplantıya dönüştü. Artemis değişmeye başlamıştı. Artık zevk için avlandığından ormanla uyum içinde yaşamaz oldu. Kendi kurallarını çiğneyip yırtıcı bir hayvana dönüştü. Hayvanlar korkmaya, orman onu kendisinden uzaklaştırmaya başladı. Ama o aldırmadı. Gözleri gerçeği görmez olmuştu. Zihni Herkül ile doluydu.

Herkül'ün yapacağı çok iş vardı. Yine de kimi zaman ormana gider, Artemis'i ziyaret ederdi. Ormana her gelişinde Artemis onu avlamak için elinden geleni ardına komazdı. Herkül ile birlikte olmak onu çok mutlu ediyordu. Ama gideceğini biliyor, kıskanıyor, sahipleniyordu onu. Herkül'ün her ayrılışında acıya, gözyaşlarına boğuluyordu.

Herkül Artemis'in zihninde olup biteni bilmiyordu. Artemis'in kendisini avladığını fark etmemişti. Zihninde o hiçbir zaman bir av değildi. Artemis'i seviyor, sayıyordu. Tanrıçanın istediği ise bu değildi. Kutsal avcı ona sahip olmak istiyordu, avlamak ve onunla birlikte vahşi bir hayvan olmak istiyordu. Ormanda kendisinden başka her varlık Artemis'teki bu değişimin farkındaydı. Zihnindeyse o hala kutsal avcıydı. Yükseklerden düştüğünün ayırdında değildi. Onunla birlikte bütün avcıların düştüğünü, yırtıcı hayvanlara dönüştüğünü, bir zamanlar cennet olan ormanın cehennem olduğunu görmüyordu.

Günün birinde Hermes hayvan biçimine büründü. Artemis tam onu avlamak üzereyken yeniden Tanrı oldu. Böylece, yitirdiği bilgeliğe yeniden kavuştu Artemis. Tanrı, avcı tanrıçaya ölümsüzlerin katından düşmüş olduğunu bildirdi. Artemis Herkül'den bağışlamasını diledi. Onu yükseklerden düşüren, kendisini önemsemesinden başka bir şey değildi. Herkül'le konuşurken aslında onu hiç kırmamış olduğunu fark etti. Nasıl kırsın? Herkül zihninden neler geçtiğini bilmiyordu ki. Çevresine baktı, ormana neler yapmış olduğunu gördü. Sevgiyi yeniden kazanana dek her bir çiçekten, her bir hayvandan özür diledi. Bir kez daha kutsal avcı haline geldi.

Bu öyküyü sizlere her birimizin avcı ve av olduğunu söylemek üzere anlattım. Varolan her şey avcı ve avdır. Nedir avladığımız? Gereksinimlerimizin karşılığı. Bedenin ihtiyaçlarına karşı zihnin ihtiyaçlarından söz etmiştim. Zihin beden olduğuna inanırsa gereksinimleri yanılsamadan ibarettir; karşılanamaz. Zihnin gerçek dışı gereksinimlerinin peşinde avlandığımızda vahşi hayvanlara dönüşür, gereksinmediğimizi avlarız.

İnsanlar sevgi avlar. Kendimizi sevmediğimiz için sevgiden yoksun olduğumuza, sevgiye gereksindiğimize inanırız. Sevgiyi bizim gibi olan başka insanlarda avlarız. Onlar da kendilerini sevmezken bulabileceğimiz sevgi ne olacaktır ki? Bütün yaptığımız, gerçek olmayan daha da büyük bir gereksinim yaratmak olur. Gereksindiğimiz sevgi başkalarında olmadığı için yanlış yerde durur, avlanır da avlanırız.

Düşüşünün bilincine varan Artemis kendisine geri döndü; gereksindiği her şey oradaydı. Aynı şey bizler için de geçerli. Çünkü hepimiz düşüşünden sonra, kurtuluşundan önceki Artemis gibiyiz. Sevgi avlıyoruz. Adalet ve mutluluk avlıyoruz. Tanrı avlıyoruz. Oysa Tanrı içimizde.

Büyülü geyiğin avlanması size kendi içinizde avlanmanız gerektiğini öğretiyor. Akılda tutulması gereken harika bir öykü. Artemis'in öyküsünü hatırlayacak olursanız sevgiyi her zaman kendi içinizde bulursunuz. Sevgi için birbirini avlayan insanlar hiçbir zaman doyum bulmaz. Aradıkları sevgiyi başkalarında bulamaz. Zihin gereksinir ama biz onun gereksinmesini karşılayamayız, çünkü gerçek olmayan bir gereksinimdir zihninki. Hiçbir zaman gerçek olmayan bir gereksinim.

Avlamaya gereksindiğimiz sevgi, kendi içimizde ama zorlu bir avdır. İçinizde avlanmak, sevgiyi içinizde elde etmek güçtür. Hermes kadar hızlı olmazsanız sizi her şey hedefinizden saptırabilir. Dikkatinize tuzak kuran her şey sizi hedefinizden, içinizdeki sevgiyi ele geçirmekten alıkoyabilir. Avı yakalayacak olursanız sevginin içinizde güçlenerek büyüdüğünü görürsünüz. İşte odur bütün gereksinimlerinizi karşılayacak olan. Bu, mutluluğunuz için çok önemli.

İnsanlar genellikle avlanır gibi ilişki kuruyor. İhtiyaç hissettiklerini arıyor, aradıklarını karşılarındakinde bulmayı umuyor ama bulamıyorlar. İlişkiye böyle bir gereksinim olmaksızın girmekse bambaşka bir şey.

Kendi içinizde nasıl avlanırsınız? İçinizdeki sevgiyi ele geçirmek için tıpkı avla avcı ilişkisindeki gibi kendinize teslim olmanız gerekir. Av da avcı da zihninizdedir. Avcı kimdir, av kim? Sıradan insanlarda avcı Parazittir. Parazit sizin hakkınızdaki her şeyi bilir. Peşinde olduğu, korkudan kaynaklanan duygulardır. Çöple beslenir. Korku ve dramdan hoşlanır. Öfke, kıskançlık, haset ister. Size acı çektiren her duyguyu sever. Ödeşme peşindedir Parazit, dizginler elinde olsun ister.

Parazit olarak sizin kendinizi kötüye kullanmanız günün her saati sürer gider; sürekli peşinizdedir. Böylece Parazitin avı haline geliriz, kolay av oluruz. Parazit sizi kötüye kullanandır. Avcıdan fazlasıdır. Vahşi hayvandır. Canlı canlı yer sizi. Av, duygusal bedeniyle yaşadığı acısı dinmek bilmeyen, kurtarılmak isteyen yanımızdır.

Yunan mitolojisinde başka bir öykü de kayaya zincirlenmiş Prometheus'unkidir. Gün boyu bir kartal gelir, iç organlarını yer. Geceleri iyileşir bedeni. Kartal her gün organları yeniden yer. Bunun anlamı nedir? Prometheus uyanıkken bir fiziksel bedeni vardır, bir de duygusal. Kartal, içini yiyen Parazittir. Geceyse duygusal bedeni yoktur, iyileşir. Herkül gelip onu kurtarana dek her gün kartala yem olmak üzere yeniden doğar. Herkül İsa, Buda ya da Musa gibidir, acının zincirlerini kırar, size özgürlüğünüzü verir.

İçinizde avlanmaya her bir tepkinizi avlayarak başlarsınız. Her seferinde bir alışkanlığı değiştirirsiniz. Bu, yaşamınızı yöneten düşten özgürleşme savaşıdır. Ortada Gerçek dururken, sizinle vahşi hayvan arasındaki savaştır. Kanada'dan Arjantin'e dek bütün Batı geleneklerinde kendimize savaşçı deriz, çünkü savaşçı kendini avlayan avcıdır. Büyük bir savaştır, çünkü Parazite karşıdır. Savaşçı olmanız savaşı kazanacağınız anlamına gelmez. Ama hiç değilse karşı çıkar, Parazitin sizi canlı canlı yemesini kabul etmezsiniz.

Avcı olmak ilk adımdır. Herkül Artemis'i aramak için ormana girdiğinde geyiği yakalamasının hiçbir yolu yoktu. Yüce bir öğretmen olan Hermes'e gitti, daha iyi bir avcı olmanın yolunu öğrendi. Onu avlayabilmek için Artemis'ten daha iyi bir avcı olması gerekiyordu. Kendinizi avlamak için Parazit'ten daha iyi bir avcı olmanız gerekir. Parazit günün yirmi dört saati boyunca çalışıyorsa siz de hiç durmaksızın çalışmalısınız. Parazitin bir üstünlüğü vardır; sizi son derece iyi tanır. Saklanamazsınız. Olabilecek en zorlu avdır. Davranışınızı başkalarının önünde haklı çıkarmaya çalışan yanınızdır sizin. Ama onunla yalnız kaldığınızda yargıçların en acımasızı haline gelir. Sizi sürekli yargılar, suçlar, suçluluk duymanıza yol açar.

Cehennemdeki sıradan bir ilişkide eşinizin Paraziti gerçek size karşı sizin Parazitinizle iş birliği yapar. Karşınızda yalnızca kendi Parazitiniz değil, acıyı sonsuza dek uzatmak üzere sizinkiyle birleşen eşinizin Paraziti de vardır. Bunu bilirseniz her şey farklı olabilir. Eşinize daha fazla şefkat besler, kendi Parazitiyle uğraşmasına izin verirsiniz. Eşinizin özgürlüğe doğru attığı her yeni adım sizi mutlu eder. Eşinizin üzgün, kederli olduğu ya da kıskançlık ettiği her an karşınızda yalnızca sevdiğiniz insanın durmadığının bilincinde olursunuz. Varlığını Parazit ele geçirmiştir.

Parazitin oracıkta olduğunu, eşinizin içinde olup biteni bilirseniz savaşması için meydanı eşinize bırakabilirsiniz. İlişkinin yalnızca size ait yarısından sorumlu olduğunuz için kendi kişisel düşüyle uğraşmasına olanak tanırsınız. Bu şekilde eşinizin yaptıklarını kolay kolay üstünüze alınmazsınız. Böyle bir yaklaşım ilişkinize büyük bir rahatlık sağlar, çünkü eşinizin yaptığı hiçbir şey kişisel değildir. Kendi çöp yığınıyla uğraşmaktadır. Bunu üzerinize alınmazsanız eşinizle olağanüstü bir ilişkiniz olabilir.

10

Sevginin Gözleriyle Görmek

Bedeninize bir göz atacak olursanız varolması size bağlı milyonlarca yaşayan varlık görürsünüz. Bedeninizdeki her bir hücre yaşaması size bağlı yaşayan bir varlıktır. Bütün bu varlıklardan siz sorumlusunuz. Hücreleriniz olan bütün bu yaşayan varlıklar için Tanrı sizsiniz. Onlara gereksindiklerini sağlayabilir, tümünü sevebilir ya da hoyrat davranabilirsiniz.

Bedeninizdeki hücreler size çok bağlıdır, sizin için uyum içinde çalışırlar. Size dua ettiklerini bile söyleyebiliriz. Siz onların Tanrısısınız. Bu kesinlikle gerçektir. Bu bilgiyi nasıl kullanacaksınız?

Anımsayın, orman Artemis'le uyum içindeydi. Artemis tanrılar katından düştüğünde ormanın saygısını yitirdi. Bilincini yeniden kazandığında çiçekten çiçeğe giderek "Bağışlayın beni. Size eskisi gibi bakacağım" dedi. Artemis ile orman arasındaki ilişki yeniden bir sevgi ilişkisine dönüştü.

Orman bedeninizdir. Bu gerçeği kabul ederseniz bedeninize "Bağışla. Artık sana özen göstereceğim" dersiniz. Sizinle bedeniniz, sizinle size bağımlı bütün o canlı hücreler arasındaki ilişki, ilişkilerin en güzeli haline gelebilir. Tıpkı köpeğinizle ilişkinizdeki gibi, canlı hücreleriyle bedeniniz, ilişkinin kusursuz yarısıdır. Diğer yarı zihninizdir. Bedeniniz ilişkinin kendisine düşen yarısını yürütür, zihinse bedeni kötüye kullanan, bedene kötü davranandır.

Kedi ya da köpeğinize nasıl davrandığınıza bir bakın. Bedeninize de aynı şekilde davranabilirseniz bunun bir sevgi ilişkisi olduğunu göreceksiniz. Bedeniniz zihninizin vereceği sevgiyi almaya bütünüyle hazır. Ama zihin, "Yok, bedenimin bu kısmını sevemiyorum. Şu burna bakın; burnumdan hoşlanmıyorum. Kulaklarım çok büyük. Gövdem çok şişman. Bacaklarım çok kısa" deyip duruyor. Zihnin bedene yakıştıramayacağı hiçbir şey yok.

Bedeniniz olduğu gibi kusursuz. Ama aklımız doğru yanlış, iyi kötü, güzel çirkin kavramlarıyla dolu. Bunlar kavramlardan ibaret ama inanıyoruz, sorun da bu. Zihnimizdeki kusursuzluk imgesiyle bedenimizden belirli bir şekilde hareket etmesini, belirli bir dış görünüme sahip olmasını bekliyoruz. Bedenimiz bize bütünüyle bağlı, sadıkken biz onu dışlıyoruz. Bedenimiz sınırları nedeniyle bir şeyi yapamadığında bile onu istediğimizi yapmaya zorluyoruz, o da istediğimiz gibi hareket etmeye en azından çalışıyor.

Bedeninize ne yaptığınıza bir bakın. Siz kendi bedeninizi dışlarsanız başkaları sizden ne bekleyebilir? Kendi bedeninizi kabul edebiliyorsanız hemen herkesi, her şeyi kabul edebilirsiniz. İlişki sanatında bu çok önemli bir noktadır. Kendinizle ilişkiniz, başkalarıyla ilişkinize yansır. Sevginizi eşinizle paylaşırken bedeninizi dışlarsanız utangaç olursunuz. "Şu bedenime bak. Böyle bir bedenim varken beni nasıl sevebilir ki?" diye düşünürsünüz. Kendinizi dışlar, sizin kendinizde dışladığınız şeyden ötürü karşınızdaki tarafından da dışlanacağınızı varsayarsınız. Siz de başka birisini kendinizde kabul etmediğiniz bir şeyden ötürü dışlarsınız.

Sizi cennete ulaştıracak ilişkiyi yaratmak için bedeninizi bütünüyle kabul etmelisiniz. Bedeninizi sevmeli, yalnızca varolma, utanç duymadan verme, alma özgürlüğünü tanımalısınız. Çünkü "utanma" korkudan başka bir şey değildir.

Evinizdeki köpeğe nasıl baktığınızı düşünün. Köpeğe sevginin gözleriyle bakar, güzelliğinin zevkine varırsınız. Köpeğin güzel ya da çirkin olması hiç önemli değildir. Köpeğin güzelliğini görmek coşku uyandırır içinizde, çünkü güzelliği sahiplenmezsiniz. Güzellik öğrenilmiş bir kavramdan ibarettir.

Kaplumbağa ya da kurbağaların çirkin olduğunu mu düşünüyorsunuz? Görebilirseniz kurbağa güzeldir, çok güzel. Görebilirseniz bir kaplumbağa da güzeldir. Varolan her şey güzeldir, her şey. Ama "Amma da çirkin" diye geçirirsiniz aklınızdan. Çünkü birileri sizi neyin çirkin neyin güzel olduğuna inandırmıştır, tıpkı neyin iyi neyin kötü olduğuna inandırdıkları gibi.

Güzel ya da çirkin, uzun ya da kısa, zayıf ya da şişman olmak sorun değildir. Çok güzel olmak sorun değildir. Bir kalabalık arasında yürürken insanlar size ne kadar güzel olduğunuzu söylediklerinde "Teşekkür ederim, biliyorum" der yolunuza devam edersiniz. Sözleri hiçbir şeyi değiştirmez. Ama güzel oldu ğunuza inanmadığınızda birisinin çıkıp aynı şeyi söylemesi farklıdır. "Sahi mi?" diye sorarsınız. Dile getirilen görüş sizi etkiler ve elbette kolay bir av haline getirir.

Güzel olduğunuza inanmadığınız için bu görüşe gereksindiğinizi düşünürsünüz. Sihirli Mutfak öyküsünü anımsıyor musunuz? Gereksindiğiniz bütün yiyeceğe sahip olsanız ve birisi çıkıp yiyeceğe karşılık yaşamınızı yönetmek istese "Hayır, teşekkürler" dersiniz. Güzel olmayı arzu ediyor ama olduğunuza inanmıyorsanız ve birisi gelip, "Eğer dizginlerini elime verirsen sana her zaman ne kadar güzel olduğunu söyleyeceğim" derse, "Evet, evet! Lütfen bana güzel olduğumu söyle" dersiniz. Bu görüşe ihtiyacınız olduğunu sandığınız için böyle bir şeye izin verirsiniz.

Önemli olan başkalarının değil, kendi görüşlerinizdir. Zihniniz size ne derse desin güzelsiniz. Gerçek bu. Hiçbir şey yapmanıza gerek yok, çünkü gereksindiğiniz güzelliğe zaten sahipsiniz. Güzel olmak için kimseye hiçbir şey borçlu değilsiniz. Başkaları ne görmek isterse görmekte özgürdür. Başkaları sizi görüp güzel olduğunuz ya da olmadığınıza ilişkin yargıda bulunursa güzelliğinizin bilincindeyseniz, kabul etmişseniz görüşleri sizi hiç mi hiç etkilemez.

Belki çekici olmadığınız inancıyla büyüdünüz, başkalarının güzelliğine gıpta ediyorsunuz. Duygunuzu haklı çıkarmak için, "Güzel olmak istemiyorum ki" dersiniz. Güzel olmaktan korku bile duyabilirsiniz. Her yönden gelebilir bu korku, herkes için aynı da değildir, ama çoğunlukla kendi gücünüz karşısında duyduğunuz korkudur. Güzel kadınlar, yalnızca erkekler üzerinde değil, kadınlar üzerinde de güç sahibidir. Sizin kadar güzel olmayan diğer kadınlar erkeklerin dikkatini çektiğiniz için size gıpta eder. Belli bir şekilde giyinip erkeklerin başını döndürdüğünüzde kadınlar sizin için ne der? "O mu? Fazla serbest bir kadın." İnsanların size ilişkin bütün bu yargılarından korkar hale gelirsiniz. Bütün bunlar kavramlardan, duygusal bedenlerde yaralar açan sahte inançlardan ibarettir. Sonra da elbette bu yaraların üstünü yalanlarla, yadsıma yöntemleriyle örtmemiz gerekir.

Haset, farkındalıkla kolayca kırılabilecek bir inançtır. Gerçek hepinizin güzel olması olduğu için başka kadın ya da erkeklerin haset duygusuyla kolayca baş etmeyi öğrenebilirsiniz. Bir insanın güzelliği ile diğerinin güzelliği arasındaki yegane fark insanların güzellik anlayışıdır.

Güzellik bir kavramdan, inançtan ibarettir ama güzelliğin bu anlayışına inanır, bütün gücünüzü bu güzelliğin temeline oturtursunuz. Zaman geçer, yaşlandığınızı görürsünüz. Sizin açınızdan belki bir zamanlar olduğu kadar güzel değilsinizdir. Güzelliği devralan daha genç bir kadın çıkagelir. Güzellik olduğuna inandığımız gücü elimizde tutmak üzere estetik cerrahinin zamanı gelmiş demektir. Yaşlanma sürecimiz bize acı vermeye başlar. "Tanrım, güzelliğim eriyip gidiyor. Eskisi kadar çekici olmazsam kocam beni sevmeye devam eder mi? Gözü artık daha çekici olan başka kadınlara gidecek."

Yaşlanmaya karşı koyuyoruz. Yaşlanan insanın güzel olmadığına inanıyoruz. Bu inanç bütünüyle yanlıştır. Yeni doğmuş bir bebek güzeldir. Yaşlı bir insan da güzeldir. Sorun, gözlerimizle neyi güzel neyi çirkin olarak algılayacağımıza ilişkin duygudur. Mutluluğumuzu sınırlayan, bizi kendi kendimizi ve başkalarını dışlamaya iten yargılar, koşullanmalardır. Dramı nasıl canlandırdığımızı, bütün bu inançlarla kendimizi başarısızlığa nasıl mahkum ettiğimizi görebiliyor musunuz?

Tıpkı büyümek gibi yaşlanmak da güzeldir. Çocukluktan erişkinliğe, erişkinlikten genç bir kadın ya da erkek olmaya doğru büyürüz. Güzeldir. Yaşlı bir kadın ya da erkek olmak da güzeldir. İnsan yaşamında çoğalmanın zamanı vardır. Doğa bizi böyle yarattığı için bu dönemlerde cinsel açıdan daha çekici olmak isteyebiliriz. Bu açıdan bakıldığında daha sonra cinsel olarak çekici olmamız gerekmez ama bu bizim güzel olmadığımız anlamına gelmez.

Siz, olduğunuza inandığınızsınız. Olduğunuz gibi olmak dışında yapmanız gereken hiçbir şey yok. Kendinizi güzel hissedip güzelliğinizin tadını çıkarmaya hakkınız var. Bedeninizi onurlandırıp olduğu gibi kabul edebilirsiniz. Kimsenin sizi sevmesine ihtiyacınız yok. Sevgi içten gelir. İçimizde yaşar, hep oradadır ama aradaki sis perdesi yüzünden varlığını hissedemeyiz. Ancak içinizdeki güzelliği hissederseniz dışınızdaki güzelliği algılayabilirsiniz.

Neyin güzel neyin çirkin olduğuna ilişkin bir inancınız var. Kendinizden hoşlanmıyorsanız inancınızı değiştirin, bütün yaşamınız değişecektir. Kolay görünüyor, ama değil. İnancı kontrol eden düşü kontrol eder. Düşçü en sonunda düşünü kontrol eder hale geldiğinde düş bir baş yapıta dönüşebilir.

İşe bedeniniz için her gün bir *puja* yapmakla başlayabilirsiniz. Hindistan'da insanlar çeşitli tanrı ve tanrıçalar için *puja* ya da törenler yapar. *Puja* sırasında tanrısallığı temsil eden yontu önünde eğilir, çiçekler sunar, yontuyu olanca sevgileriyle beslerler. Bedeninize her gün ibadetin sevgisini sunabilirsiniz. Yıkandığınızda bedeninize sevgiyle davranın, onurlandırın, şükran ve saygı duyun. Yemek yediğinizde bir lokma alın, gözlerinizi kapayın, zevkine varın yiyeceğin. Bu yiyecek, Tanrının yaşadığı tapınak olan bedeninize yaptığınız bir sunudur. Bunu her gün yapın, bedeninize duyduğunuz sevginin her geçen gün güçlendiğini, kendinizi bir daha hiç dışlamadığınızı göreceksiniz.

Bedeninize derinden saygı duyduğunuz gün kendinizi nasıl hissedeceğinizi hayal edin. Kendinizi bütünüyle kabul ettiğinizde bedeninizi iyi hissedecek, mutlu olacaksınız. Başka birisiyle bundan sonra ilişkiye girdiğinizde kendini kötüye kullanma sınırınız sıfıra yakın olacaktır. İşte bu öz sevgidir. Kendinize kendinden menkul bir değer biçmek değildir, çünkü başkalarına davranışınız da aynı sevgi, onurlandırma, saygı ve şükran duygusuna dayalıdır. Böyle bir ilişkideki kusursuzluğu görebiliyor musunuz? İlişki, birbirinizin içindeki Tanrıyı onurlandırma ilişkisine dönüşür.

Bedeninizle aranızda mükemmel bir ilişki yaratmayı hedeflediğinizde anneniz, dostlarınız, sevgiliniz, çocuklarınız, köpeğiniz de içinde olmak üzere birlikte olduğunuz herkesle kusursuz bir ilişki kurmayı öğrenirsiniz. Bedeninizle mükemmel bir ilişki kurduğunuz an dışınızdaki herhangi bir ilişkinin size düşen yarısı da kusursuz olacaktır. Dışınızdaki bir ilişkinin başarısına bağımlı olmaktan böylece çıkarsınız.

Bedeninizle *puja* yaptığınızda, kendi bedeninize ibadet eder gibi davranmayı öğrendiğinizde sevgilinizin bedenine de aynı derin sevgi ve saygı duyguları içinde dokunursunuz. İçiniz aynı şükran duygusuyla dolar. Sevgiliniz size dokunduğunda ise bedeniniz bütünüyle açıktır: Ne korku vardır ne ihtiyaç, sevgiyle doludur.

Bu şekilde paylaşılan sevginin sunabileceği olanakları hayal edin bir. Dokunmanıza bile gerek kalmaz. Birbirinizin gözlerinin içine bakmak zihin ve ruhun gereksinimlerini karşılamaya yeter. Sevginizle beslendiği için beden doyuma zaten erişmiştir. Kendi sevginizle dolu olduğunuz için artık yalnız değilsinizdir.

Yüzünüzü nereye çevirirseniz çevirin sevgiyle dolarsınız. Ama bu sevgi başkalarının sevgisi değildir. Bir ağaç görür, ağaçtan size akan sevgiyi duyumsarsınız. Gözlerinizi gökyüzüne kaldırırsınız, zihninizi sevgiye doyuran gökyüzü olur. Varsayım olmaktan çıkan Tanrı'yı her yerde görmeye başlarsınız. Tanrı her yerdedir. Yaşam her yerdedir.

Her şeyi yaratan Sevgidir, Yaşamdır. Korku bile sevginin bir yansımasıdır. Ama korku zihinde var olur ve insan zihnini kontrol eden de korkudur. Her şeyi zihnimizdekilere göre değerlendiririz. Korkuyorsak algıladıklarımızı korkuyla yorumlarız. Öfkeliysek algılarımız kızgınlığın süzgecinden geçer. Duygularımız, dünyaya ardından baktığımız filtreler gibidir.

Gözlerinizin, duygularınızın aynası olduğunu söyleyebilirsiniz. Dış Düş'ü gözlerinizle algılarsınız. Öfkeliyken dünyayı öfkenin ardından görürsünüz. Gözleriniz kıskançlığın gözleriyken her şey yüreğinizi daraltır. Kederin gözlerinden baktığınızda yağmur, sesler, her şey sizi ağlatır. Yağmur yağmurdur. Bunun yargılanacak ya da yorumlanacak bir yanı yoktur. Ama yağmuru duygusal bedeninizin durumuna göre algılarsınız. Üzgünseniz hüznün gözleridir gözleriniz, algıladığınız her şeyde o olur.

Ama gözleriniz sevginin gözleri olduğunda nereye giderseniz gidin sevgiyi görürsünüz. Ağaçlar sevgiden yaratılmıştır. Hayvanları yaratan sevgidir. Suyu da yaratan aynı sevgidir. Sevginin gözleriyle baktığınızda isteminizi başka bir düşçünün istemiyle birleştirebilirsiniz, işte o zaman düşler bir olur. Sevgiyle baktığınızda kuşlarla, doğayla, bir insanla, her şeyle bir olursunuz. İşte o zaman bir kartalın gözleriyle görebilir ya da yaşamın herhangi bir ifadesine dönüşebilirsiniz. Sevginizle kartal ile bir olur, kanatları haline gelirsiniz. Yağmura, bulutlara dönüşebilirsiniz. Ama bunun için zihninizi korkudan arındırmanız, sevginin gözleriyle görmeniz gerekir. İsteminizi, yeterince güçlenip başka bir istemle birleşerek tek bir irade haline gelene kadar geliştirmeniz gerekir. İşte o zaman kanatlarınız olur uçmak için. Rüzgar olur istediğiniz yere eser, bulutları dağıtır, güneşi ısıtırsınız. Sevginin gücüdür bu.

Zihnimiz ile bedenimizin gereksinimlerini karşıladığımızda sevgiyle görürüz. Tanrı'yı her yerde görürüz. Başkalarının Parazitinin ardında bile görürüz Tanrıyı. Her insanın içinde Musa'nın halkına vaat ettiği Vaadedilmiş Ülke vardır. Vaadedilmiş Ülke insan zihninde, ama Tanrı orada yaşadığı için yalnızca Sevginin yeşerdiği zihnindedir. Sıradan insan zihnine baktığınızda onun da bereketli bir toprak olduğunu ama bereketinin haset, öfke, kıskançlık ve korkunun tohumlarını büyüten Parazit için olduğunu görürsünüz.

Hıristiyan geleneğinde Cebrail'in Kıyamet borazanı ile geldiği, Ebedi Hayatı yaşamak üzere herkesin mezarlarından çıktığı anlatılır. Mezar Parazit, Kıyamet ise Yaşama dönüştür. Çünkü gözleriniz ancak Sevgi demek olan Yaşamı görebildiği zaman yaşıyorsunuzdur.

Cennet düşünüzü gerçekleştirecek bir ilişkiniz olabilir. Bir Cennet yaratabilirsiniz ama işe kendinizden başlamanız gerekir. Bedeninizi olduğu gibi kabul etmekle başlayın. Paraziti avlayıp iradeniz karşısında boyun eğdirin. O zaman zihin bedeninizi sevecek, sevginizi kösteklemez olacaktır. Her şey sizin elinizdedir, başka birisinin değil. Ama önce duygusal bedeninizi nasıl iyileştireceğinizi öğrenmelisiniz.

Sonsuzluğun ötesi içinizdedir

11

Duygusal Bedeni İyileştirmek

Cildinizin iltihaplanmış yaralarla kaplı olduğu bir deri hastalığına yakalandığınızı bir kez daha hayal edin. İyileşmek için doktora gittiğimizde doktor yaraları açmak için neşterini kullanır. Açtığı yaraları temizler, ilaç sürer, iyileşip acı vermez olana dek temiz kalmasını sağlar.

Aynı şeyi duygusal bedenimizi iyileştirmek için yaparız. Yaraları açmamız, temizlememiz, bir ilaç kullanıp iyileşene kadar temiz tutmamız gerekir. Nasıl açacağız yaraları? Gerçeği neşter gibi kullanarak. En büyük Üstatlardan birisi iki bin yıl önce "Gerçeği bileceksiniz. Gerçek sizi özgür kılacak" demiştir.

Gerçek neşter gibidir, yaralarımızı açıp yalanları ortaya çıkarmak acı vericidir. Duygusal bedenimizdeki yaralar, yaraları savunmak üzere yarattığımız yadsıma ile, yalan söylemenin bin bir yolu ile örtülüdür. Yaralarımızı gerçeğin gözleriyle baktığımızda iyileştirebiliriz.

Gerçek uygulamasına kendinizle başlarsınız. Kendinizle ilişkinizde gerçeğe bağlı kaldığınızda her şeyi olduğu gibi görmeye başlarsınız, olmasını istediğiniz gibi değil. Duygusal açıdan yüklü bir örnek alalım; tecavüz.

Birisi size on yıl önce tecavüz etmiş diyelim. Bu durum artık söz konusu değil. Bir düştü bu. Ve bu düşte birisi size şiddet uyguladı. Bunu siz istemediniz. Şiddet kişi olarak sizi hedef almıyordu. Ne olduysa oldu, sizin ırzınıza geçildi. Yerinizde başka birisi de olabilirdi. Ama size tecavüz edildi diye cinselliğinizi ömür boyu acı içinde yaşamaya mı mahkum edeceksiniz kendinizi? Sizi buna mahkum eden, tecavüzcü değil. Siz kurbansınız ve kendinizi yargılar, suçlu bulursanız daha kaç yıl dünyadaki en güzel şeylerden biri olan cinsellikten zevk almamaya mahkum edeceksiniz kendinizi? Tecavüze uğramak kimi zaman cinselliğinizi hayat boyu öldürür. Adalet bunun neresinde? Tecavüzcü siz değilsiniz. O halde yapmadığınız bir şeyin acısını hayat boyu neden çekesiniz? Tecavüze uğradığınız için suçlu değilsiniz ama zihninizdeki Yargıç sizi yıllarca acı ve utanç içinde yaşatabilir.

Uğradığınız bu haksızlık, kuşkusuz tedavisi yıllar alabilecek olan derin bir duygusal yara açacak, yoğun bir duygusal zehir üretimine neden olacaktır. Gerçek, tecavüze uğradığınızdır. Ama acısını çekmeye devam etmek zorunda olduğunuz gerçek değildir. Bu bir tercihtir.

Bu, gerçeği bir neşter olarak kullanmanın ilk adımıdır. Bir yara açmış olan haksızlığın artık gerçek olmadığını hemen şimdi, buracıkta fark edersiniz. Belki de sizi onca yaralamış olan inancınızın hiçbir zaman gerçek olmamış olduğunu ortaya çıkarırsınız. Bir zamanlar gerçek olmuş olsa bile şimdi de gerçek olduğu anlamına gelmez. Gerçeği kullanarak yarayı açar, uğradığınız haksızlığa başka bir açıdan bakarsınız.

Bu dünyada gerçek görecedir. Bir yanılsama dünyasında yaşadığımız için sürekli değişir. Şu anda gerçek olan, daha sonra değildir. Daha da sonra yeniden gerçek olabilir. Cehennemdeki gerçek, size karşı kullanılan başka bir kavram, başka bir yalan olabilir. Yadsıma sistemimiz öylesine güçlü ki son derece karmaşık bir hal alabiliyor. Yalanları örten gerçekler, gerçekleri örten yalanlar var. Soğanı soyar gibi gerçeğin üzerindeki örtüleri bir bir kaldırabilir, en sonunda siz de içinde olmak üzere çevrenizdeki herkesin sürekli yalan söylemekte olduğunu görebilirsiniz.

Bu yanılsamalar dünyasında hemen her şey bir yalandır. İşte bu nedenle öğrencilerimden neyin gerçek olduğunu anlamak üzere üç kurala uymalarını isterim. Birincisi, bana inanma'dır. Bana inanman gerekmez, düşün ve tercihini yap. Söylediğim doğrultusunda neye istiyorsan ona inan ama yalnızca inandığının senin için bir anlamı varsa, seni mutlu ediyorsa inan. Eğer uyanmana yol açıyorsa inanmayı seç. Ben söylediklerimden sorumluyum, senin nasıl anladığından değil. Tümden farklı bir düşte yaşıyoruz. Söylediğim benim için mutlak gerçek bile olsa senin için gerçek olmayabilir. İlk kural gayet basittir: Bana inanma.

İkinci kuralı uygulamak biraz daha güçtür: Kendine inanma. Kendine söylediğin, inanmayı hiçbir zaman seçmediğin ama inanmak için programlandığın bütün o yalanlara inanma. İyi, güçlü, zeki bir insan olmadığını söylediğinde inanma. Kendi sınırlarına ve sınırlamalarına inanma. Mutluluk ya da sevgiye layık olmadığına inanma. Güzel olmadığına inanma. Sana acı çektiren hiçbir şeye inanma. Kendi dramına inanma. Kendi yargıcın ya da Kurbanına inanma. Sana aptalın teki olduğunu, kendini öldürmeni söyleyen iç sese inanma. İnanma, çünkü gerçek değil.

Gözlerini aç, aç yüreğini ve dinle. Yüreğinin seni mutluluğa götürdüğünü işittiğinde seçimini yap ve uygula. Ama böyle konuşuyorsun diye kendine inanma. İnandıklarının yüzde sekseninden bile fazlası yalan, gerçek değil. İkinci kural, güç olan; kendine inanma.

Üçüncü kural: Kimseye inanma. Başkalarına inanma, çünkü sürekli yalan söylerler. Duygusal yaran kalmadığında, yalnızca kabul görmek için başkalarına inanmana da gerek kalmadığında her şeyi çok daha açık görürsün. Bir şeyin siyah mı beyaz mı olduğunu görürsün. Şu anda doğru olmayan bir şey kısa bir süre sonra doğru haline gelebilir. Her şey hızla değişir ama sen eğer farkındaysan görebilirsin değişimi. Başkalarına inanma, zihnini diledikleri gibi yönlendirmek için aptallığını kullanıyorlar. Pleiades takımyıldızından gelip de dünyayı kurtarmak istediğini söyleyenlere inanma. Bizim bir yerlerden çıka gelip dünyayı kurtaracak kimseye ihtiyacımız yok. Dünya bizi kurtarmak için dışardan geleceklere gereksinmiyor; yaşayan bir varlık o, hepimizin toplamından da zeki. Dünyanın kurtarılmaya gereksindiğine inanacak olursak birisi çıkıp, "Pekala! Bir kuyrukluyıldız üzerimize doğru geliyor, gezegeni terk etmemiz gerek. Haydi kendinizi öldürün, kuyrukluyıldıza, oradan da cennete ulaşın" demekte gecikmeyecektir. Bu efsanelere inanmayın. Cennet düşünüzü siz yaratırsınız, sizin adınıza başka birileri değil. Sizi kendi mutluluğunuz, kendi yaratıcılığınıza götüren tek şey sağduyunuzdur. Başkalarına inanmaya gereksindiğimiz için başkalarına inanmayın diyen üçüncü kuralın da uygulaması güçtür.

Bana inanmayın, kendinize inanmayın, başkalarına inanmayın. Bu yanılsama dünyasında gerçek olmayan her şey sizin inanmayışınızla duman gibi dağılır gider. Her şey olduğu gibidir. Gerçek olanı savunmanız, açıklamanız gerekmez. Gerçek olanın kimsenin desteğine ihtiyacı yoktur. Yalanlarınızdır sizin desteğinize gereksinen. İlk yalanınızı desteklemek için ikincisini yaratmanız gerekir, ikincisi üçüncüsünü ister ve bu böyle uzar gider. Yalandan kuleler kurarsınız. Gerçek ortaya çıktığında hepsi yıkılır gider. Ama bu böyledir. Yalan söylediğiniz için suçluluk hissetmeniz gerekmez.

İnandığımız çoğu yalan, inanmaya son verdiğimiz an kaybolur gider. Gerçek olmayan kuşkuculuğa dayanamaz, gerçekse kuşkuculuğun sınavından rahatça geçecektir. İster inanın ister inanmayın ama gerçek gerçektir. Bedeniniz atomlardan oluşur. İnanmanıza gerek yoktur. Siz inansanız da inanmasanız da bu böyledir. Kendinize ilişkin görüşleriniz de içinde olmak üzere yalnızca gerçek olan hayatta kalacaktır.

Çocukken neye inanacağımızı seçme olanağımız olmadığını söylemiştik. Şimdiyse farklıdır. Artık büyüdük, seçim yapma gücümüz var. İnanır ya da inanmayız. Bir şey gerçek olmasa bile sadece inanmayı istediğimiz için inanmayı seçebiliriz. Yaşamınızı nasıl yaşamak istediğinizi seçebilirsiniz. Kendinize karşı dürüstseniz yeni seçimler yapmak üzere her zaman özgür olduğunuzu göreceksiniz.

Gerçeğin gözleriyle görmek istediğimizde kimi yalanların üzerindeki örtüyü çeker, yaraları açarız. Yaraların içinde hala zehir durmaktadır.

Yaraları açtığımızda içlerindeki bütün zehirden temizleyeceğiz. Nasıl yapacağız bunu? Aynı Üstat çözümü bize bundan iki bin yıl önce gösterdi; bağışlayarak. Yaraların zehrini akıtmanın yegane yolu budur.

Zihninizde affedilmez bile olsa sizi yaralayanı bağışlamalısınız. Hak ettiği için değil, siz acı çekmek, size yapılanı her hatırlayışınızda kendinizi bir kez daha yaralamak istemediğiniz için bağışlayacaksınız. Başkaları size ne yapmış olursa olsun kendinizi sürekli hastalıklı hissetmek istemediğiniz için affedeceksiniz. Bağışlayıcılık sizin kendi zihinsel iyileşmeniz içindir. Kendinize karşı beslediğiniz şefkatten ötürü bağışlayacaksınız. Bağışlayıcılık bir öz severlik eylemidir.

Eşinden ayrılan bir kadın örneğini alalım. On yıldır evli olduğunuzu, herhangi bir nedenden ötürü eşinizle haksız bir davranış üzerine kavga ettiğinizi, boşandığınızı, eski kocanızdan gerçekten nefret ettiğinizi var sayalım. İsmini bile duysanız midenize bir sancı saplanıyor, kusmak geliyor içinizden. Duygusal zehir öylesine güçlü ki artık dayanamıyorsunuz. Yardıma gereksiniyor, bir terapiste gidiyor, "Çok acı çekiyorum. Öfke, kıskançlık, haset dolu içim. Yaptığı bağışlanır gibi değil. Ondan nefret ediyorum" diyorsunuz.

Terapist size bakıp "Duygularını serbest bırakmalı, öfkeni ifade etmelisin. Ortalığı ayağa kaldır. Bir yastık al, yumrukla, öfkeni serbest bırak" diyor. Gidip dediğini yapıyor, içinizdeki bütün duyguları ortaya koyuyorsunuz. Öneri işe yaramış görünüyor. Terapiste parasını ödeyip, kendinizi çok daha iyi hissettiğinizi söylüyor, teşekkür ediyorsunuz. Sonunda bir gülücük yayılıyor yüzünüze.

Dışarı çıktığınızda bilin bakalım kiminle burun buruna geliyorsunuz? Eski kocanızı karşınızda görür görmez aynı öfke daha da yoğunlaşmış bir halde yüzeye çıkıyor. Terapistinize geri dönüp yeni bir gürültülü duygu patlaması için bir kez daha ücret ödüyorsunuz. Duygularınızı bu şekilde serbest bırakmak yalnızca geçici bir çözümdür. Bir parça zehrin akmasına, kendinizi bir süre daha iyi hissetmenize yarayabilir ama yarayı iyileştiremez.

Yaralarınızı iyileştirmenin yegane yolu bağışlamaktan geçer. Eski kocanızın yaptığı haksızlığı affetmeniz gerek. Birisini gördüğünüzde ona karşı artık hiçbir şey hissetmiyorsanız bağışlamışsınız demektir. İsmini duyduğunuzda hiçbir duygusal tepki yükselmez içinizde. Bir yaraya dokunduğunuzda artık acımıyorsa gerçekten affettiğinizi bilirsiniz. İzi kalacaktır elbette, tıpkı bedeninizdeki bir yaranın teninizde bıraktığı iz gibi. Neler olduğunu, ne halde olduğunuzu hatırlarsınız. Ama yara bir kez iyileştiğinde acı vermez artık.

Belki, "Bağışlamamız gerektiğini söylemek kolay. Denedim ama olmuyor" diye düşünüyorsunuz. Neden affedemediğinize ilişkin pek çok gerekçeniz var. Ama gerçek bu değil. Gerçek, bağışlamamayı öğrendiğiniz, uyguladığınız, bağışlamamada ustalaştığınız için affedemediğiniz.

Çocukken içgüdüsel olarak bağışlardık. Zihinsel hastalığa yakalanmadan önce affetmek çabasız, doğal bir eylemdi. Başkalarını neredeyse anında bağışlardık. İki çocuğu oyun oynarken görmüşsünüzdür. Kavga etmeye, itişip kakışmaya başlarlar. Ağlayarak annelerine koşarlar. "Bana vurdu!" Annelerden biri gider ötekiyle konuşur. Aralarındaki tartışma alevlenir, birbirlerine girerler. Beş dakika sonra iki çocuk hiçbir şey olmamış gibi kaldıkları yerden oyunlarına devam eder. Annelerse ömür boyu birbirlerinden nefret eder.

Öğrenmemiz gereken bağışlamak değil. Dünyaya bu yetiyle geliriz. Ama sonra ne olur? Tam tersi davranışı öğrenir, uygularız. Bağışlamak son derece güçleşir. Size kim ne yaptıysa unutun, hepsi bu. Unutun, çıksın yaşamınızdan. Ama böyle olmuyor. Bir onur savaşına dönüşüyor. Neden? Çünkü bağışlamadığımızda kişisel önemimiz şiştikçe şişer. "Yaptığını affetmeyeceğim. Bağışlanamaz bir şey yaptı" demek görüşümüze daha da büyük bir önem kazandırır.

Gerçek sorun gururdur. Gurur yüzünden bağışlayamadığımız, içimizde kalan haksızlığı alevlendiririz. Bu şekilde duygusal zehir birikimi arttıkça acı çeken kim olur? Bizimle hiçbir ilgisi olmasa bile çevremizdekilerin yaptığı her şeyin acısını biz çekeriz.

Acı çekmeyi bizi kötüye kullananları cezalandırmak için de öğreniriz. Dikkat çekmek için ortalığı ayağa kaldıran bir çocuk gibi davranırız. "Şu halime bak. Senin yüzünden neler yapıyorum kendime" demek için kendimizi yaralarız. Şaka gibi, değil mi? Ama yaptığımız bu işte. Gerçekte, "Tanrım, beni bağışla" demek isteriz. Ama Tanrı gelip de önce bizim bağışlamamızı istemedikçe tek kelime etmeyeceğiz. Çoğu zaman anne babalarımız, dostlarımız, eşimizle ilişkimizde neden bu kadar kederli olduğumuzu bile bilmeyiz. Üzülür, karşımızdaki af dilediğinde ağlamaya başlar, "Sen beni affet" deriz.

Gidin ve bir köşede ortalığı ayağa kaldıran küçük çocuğu bulun. Gururunuzu çöpe atın. İhtiyacınız yok ona. Kişisel öneminizi bir yana bırakıp bağışlanmayı dileyin. Affedin insanları; yaşamınızda ne mucizeler olmaya başladığını göreceksiniz.

Önce, sizi bağışlamasını istemeniz gerektiğine inandıklarınızın bir listesini yapın. Sonra af dileyin onlardan. Herkesi aramaya vaktiniz olmasa da dualarınızda, düşlerinizde af dileyin. Sonra da sizi inciten, bağışlamanız gereken insanların listesini yapın. İşe anne babanız, kardeşleriniz, çocuklarınız, eşiniz, sevgiliniz, kediniz, köpeğiniz, hükümetiniz ve Tanrıyla başlayın.

Size yapılanın sizinle hiçbir ilgisi olmadığını bilerek bağışlayın insanları. Anımsıyor musunuz; herkes kendi düşünü düşler. Bir kimsenin sizi yaralayan sözleriyle eylemleri bu kişinin kendi zihnindeki şeytanlara gösterilmiş bir tepkiden başka şey değildir. Cehennemde düş görüyordur. Siz ise rüyasındaki ikincil bir kişiliksiniz. Başka birisinin yaptığı hiçbir şey sizin yüzünüzden değildir. Bir kez bu farkındalığa eriştikten, hiçbir şeyi üzerinize almamaya başladıktan sonra şefkat ve anlayış sizi bağışlayıcı kılacaktır.

Bağışlayıcılık üzerinde çalışmaya, bağışlayıcılığı uygulamaya başlayın. Önceleri zor gelecektir ama zamanla alışkanlığa dönüşür. Bağışlayıcılığı yeniden edinmenin yegane yolu uygulamadır. Sonunda kendinizi affedebildiğinizi görene dek uygular uygularsınız. An gelir, kendinizi düşünüzde yarattığınız bütün yaralar ve zehirden ötürü bağışlamanız gerektiğini görürsünüz. Kendinizi affettiğinizde kendini kabul ve öz sevgi büyür. Kendinizi en sonunda bağışlamanız bağışlayıcılığın en yüce noktasıdır.

Bir güç eylemi yaratın ve yaşamınız boyunca yaptığınız her şeyden ötürü kendinizi bağışlayın. Geçmiş yaşamlara inanıyorsanız önceki yaşamlarınızda yaptıklarınızı da affedin. *Karma* kavramı sadece ona inandığınız için doğrudur. İyi ve kötüye ilişkin inançlarımızdan ötürü kötü olduğuna inandığımız şeyin utancını yaşarız. Kendimizi suçlu hisseder, cezalandırılmamız gerektiğine inanır, cezalandırırız. Yarattığımızın arındırılmayı gerektirecek kadar kirli olduğuna inanırız. Sadece inandığınız için düşündüğünüz olur. Sizin için gerçektir. *Karmanızı* siz yaratır, bedelini ödersiniz. Bu sizin ne kadar güçlü olduğunuzu gösterir. Eski *karmayı* kırmak kolaydır. İnanmayı reddederek inanca son verirsiniz, kaybolur gider. Acı çekmenize, herhangi bir bedel ödemenize gerek yok; geçti, bitti. Kendinizi bağışlayabilirseniz karma erir gider. Bu noktadan her şeye yeniden başlayabilirsiniz. Yaşam kolaylaşır. Çünkü bağışlamak duygusal yaraları temizlemenin yegane yoludur.

Yaralarımızı bir kez temizlediğimizde iyileşme sürecini hızlandıracak güçlü bir ilacı kullanmaya başlayacağız. Elbette bu ilaç da aynı büyük Üstat'tan geliyor. Sevgi. İyileşme sürecini hızlandıran ilaç sevgidir. Koşulsuz sevgiden başka ilaç yoktur. "Seni severim eğer..", "kendimi severim eğer..", değil. Haklı çıkarma, açıklama olmaksızın yalnızca sevmek. Kendinizi sevin, komşunuzu sevin. Düşmanlarınızı sevin. Bu bir gerçektir. Kendinizi sevmezseniz mutlu olma şansınız olmaz. Elinizde olmayanı paylaşamazsınız. Kendinizi sevmezseniz başkasını da sevemezsiniz. Ama sevgiye gereksinebilirsiniz ve size gereksinen birisi varsa insanların sevgi, aşk dediği olur. Ama bu sevgi değildir. Sahiplenicilik, bencilliktir, denetimi saygısızca ele geçirmektir. Kendinize yalan söylemeyin; sevgi değildir bu.

Sizden kaynaklanan sevgi mutlu olmanın biricik yoludur. Kendinize karşı duyduğunuz koşulsuz sevgi. Kendinize karşı duyduğunuz sevgiye bütünüyle teslim olmak. İşte o zaman direnmezsiniz artık yaşama. Kendinizi dışlamazsınız. Suçlama ve suçluluğu sırtınızda taşımaya devam etmezsiniz. Kendinizi de başkalarını da olduğunu gibi kabul edersiniz. Sevmeye, gülmeye, mutlu olmaya, sevginizi paylaşmaya, sevgiyi almaktan korkmamaya hakkınız var.

İyileşme budur. Üç yalın nokta; gerçek, bağışlayıcılık ve öz sevgi. Bu üç noktayla bütün dünya iyileşir, akıl hastanesi olmaktan çıkar.

Zihni iyileştirmenin bu üç anahtarını bize veren İsa olmuştur. Ama iyileşmeyi öğreten yalnızca o değildir. Buda da yapmıştır aynı şeyi, Krişna da, aynı sonuçlara varıp bizlere aynı dersleri veren pek çok başka Üstat da. Japonya'dan Meksika'ya, Peru'dan Mısır'a, Yunanistan'a dünyanın her yerinde şifa bulmuş insanlar vardır. Hastalığın insan zihninde olduğunu görmüşler ve bu üç yöntemi kullanmışlardır; gerçek, bağışlayıcılık ve öz sevgi. Zihinsel durumumuzu bir rahatsızlık olarak görecek olursak tedavinin ne olacağını buluruz. Daha fazla acı çekmemize gerek yok. Zihnimizin hasta olduğunun, duygusal bedenimizin yaralı olduğunun farkına varırsak iyileşebiliriz.

Bütün insanlar kendilerine karşı dürüst olur, herkesi bağışlamaya, sevmeye başlarsa neler olacağını bir düşünün. İnsanlar bu şekilde severse bencillik ortadan kalkar. Verip almaya açık olur, birbirlerini yargılamazlar. Dedikodunun sonu olur bu, kendiliğinden dağılır gider duygusal zehir.

Şimdi sözünü ettiğimiz bambaşka bir Gezegen Düşü. Bu düşün gezegeni Dünya'ya benzemiyor. İsa'nın "yeryüzü cenneti", Buda'nın "Nirvana", Musa'nın "Vaadedilmiş Ülke" adını verdiği şey. Dikkatimizi çevirdiğimiz sevgi olduğu için hepimizin sevgi içinde yaşayabileceği bir yer burası. Sevmeyi seçtiğimiz yer.

Bu yeni Düşü nasıl adlandırırsanız adlandırın, cehennem düşü kadar gerçek ya da sahte bir düşten ibarettir. Ama artık içinde yaşamak istediğiniz düşü seçebilirsiniz. Kendinizi iyileştirebilecek araçlarınız ellerinizde artık. Soru, bu araçlarla ne yapacağınız?

Sonsuzluğun ötesi içinizdedir

12

İçinizdeki Tanrı

Siz, zihninizle oynayan, bedenini en sevdiği oyuncak olarak kullanıp tadını çıkaran güçsünüz. Burada oluş nedeniz de bu; oynamak ve eğlenmek. Mutlu olma, hayatın tadını çıkarma hakkıyla dünyaya geldik. Acı çekmek için değil. Acı çekmek isteyen buyursun çeksin. Ama bizim acı çekmemiz gerekmez.

O halde neden acı çekiyoruz? Çünkü bütün dünya acı içinde. Biz de bunun olağan olduğunu varsayıyoruz. Sonra da bu "gerçeği" destekleyecek bir inanç sistemi yaratıyoruz. Dinlerimiz bize acı çekmek için doğduğumuzu, yaşamın bir gözyaşı vadisi olduğunu söylüyor. Bugün acı çek, sabırlı ol, öldüğünde ödülünü alacaksın. Kulağa hoş geliyor, ama gerçek bu değil.

Acı çekmeyi seçiyoruz, çünkü acı çekmeyi öğrendik. Aynı seçimleri yapmayı sürdürürsek acı çekmeye devam edeceğiz. Gezegenin Düşü insanlık tarihini, insanın evrimini taşıyor. Acı çekmekse insanın geçirdiği evrimin sonucu. İnsanlar acı çekiyor, çünkü biliyoruz. İnandığımızı, bütün o yalanları, yalanların içini dolduramayacağımızı biliyor, acı çekiyoruz.

Öldükten sonra cennet ya da cehenneme gideceğiniz doğru değil. Cennet ya da cehennemde şimdi yaşıyorsunuz. Cennet ve cehennem yalnızca zihindedir. Eğer şimdi acı çekmekteysek öldüğümüzde acı çekmeye devam ederiz, çünkü zihin beyinle birlikte ölmez. Düş sürer. Düşümüz cehennemse beynimiz ölür, biz aynı cehennemi düşlemeyi sürdürürüz. Ölmekle uykuda olmak arasındaki tek fark, uykudayken bir beynimiz olduğu için uyanabilmemizdir. Öldüğümüzdeyse beynimiz olmadığından uyanamayız ama düş hala oracıktadır.

Cennet de cehennem de şimdi, buradadır. Ölmeyi beklememize gerek yok. Yaşamınızın, eylemlerinizin sorumluluğunu üstlendiğinizde gelecek ellerinizdedir. İşte o zaman bedeniniz daha hayattayken cennette yaşayabilirsiniz.

Bu gezegendeki insanların çoğunun yarattığı düş, açıkça cehennemdir. Ne doğrudur bu, ne yanlış, iyi olmadığı gibi kötü de değildir. Bundan ötürü suçlanacak kimse yoktur. Anne babamızı suçlayabilir miyiz? Hayır. Küçük bir çocuk olarak sizi programlarken ellerinden gelenin en iyisini yaptılar. Aynı şey onların anne babaları için de geçerli; onlar da bildiklerinin en iyisini yapmış. Çocuklarınız varsa daha ne yapabileceğinizi bilemezsiniz. Kendinizi nasıl suçlayabilirsiniz ki? Bilinçlenmek birilerini suçlamak ya da yaptıklarınızdan ötürü suçluluk duymak değildir. Son derece bulaşıcı bir zihinsel hastalıktan ötürü kendimizi, insanları nasıl suçlayabiliriz?

Varolan her şeyin kusursuz olduğunu biliyorsunuz. Olduğunuz gibi kusursuzsunuz. Gerçek bu. Siz bir ustasınız. Ustası olduğunuz öfke ve kıskançlık bile olsa, öfke ve kıskançlığınız kusursuz. Yaşamınızda sürüp giden bir dram varsa o bile kusursuz, güzel. *Rüzgar Gibi Geçti* benzeri bir film seyredip perdede akıp giden dramaya gözyaşları dökebilirsiniz. Cehennemin güzel olmadığını kim söylüyor? Cehennem size esin verebilir. O bile mükemmeldir. Çünkü varolan yalnızca kusursuzluktur. Yaşamınızda cehennemi bile düşleseniz olduğunuz gibi kusursuzsunuz.

Bizi kusursuz olmadığımıza inandıran tek şey bilgidir. Bilgi, Düşün tanımlanmasından başka bir şey değildir. Düş gerçek değildir, o halde bilgi de gerçek değildir. Bilgi nereden gelirse gelsin, yalnızca belli bir algılama açısından gerçektir. Algınızı değiştirdiğinizde gerçek olmaktan çıkar. Kendimizi asla bilgimizle bulamayız. Aradığımız, sonuç olarak kendimizdir. Kendimiz olmak, Parazitin hayatı, yaşamaya programlandığımız yaşam yerine kendi hayatımızı yaşamak isteriz.

Bizi kendimize götürecek olan bilgi değil, bilgeliktir. Bilgi ve bilgelik arasında bir ayrım yapmamız gerek, çünkü bu ikisi aynı şey değil. Bilgiyi kullanmanın temeli, iletişim ve algıladığımız şey üzerinde anlaşmaya varmaktır. İnsanlar yürekleri arasında iletişim sağlamakta zorlandıklarından bilgi elimizdeki yegane iletişim aracıdır. Önemli olan, bilgimizi nasıl kullandığımızdır. Çünkü onun köleleri haline geliyor, özgürlüğümüzü yitiriyoruz.

Bilgeliğin bilgiyle hiçbir ilgisi yoktur. Bilgelik özgürlükle ilişkilidir. Bilgeyseniz kendi zihninizi kullanmada, kendi hayatınızı yaşamada özgürsünüzdür. Sağlıklı bir zihin Parazitten özgürdür. Ehlileştirilmeden önceki gibi özgürleşmiştir yeniden. Zihninizi iyileştirdiğinizde, Düşten kurtulduğunuzda artık masum değil, bilge olursunuz. Önemli bir fark dışında çoğu açıdan yeniden bir çocuk gibi olursunuz. Çocuk masumdur. Acı ya da mutsuzluğa bu nedenle sürüklenir. Düşü aşan ise bilgedir. Bu nedenle sürüklenmez çünkü artık biliyordur. Düşün bilgisine erişmiştir.

Bilge olmak için bilgi yığmanıza gerek yok. Herkes bilge olabilir. Herkes. Bilgeye dönüştüğünüzde yaşam kolaylaşır. Çünkü gerçekte kimseniz o hale gelirsiniz. Olmadığınızı olmak, kendiniz ve başkalarını olmadığınız gibi olduğunuza inandırmak zordur. Olmadığınızı olmaya çalışmak bütün enerjinizi tüketir. Kendiniz olmak hiçbir çaba gerektirmez.

Bilge haline geldiğinizde yarattığınız imgeleri kullanmanız, başka birisiymiş gibi davranmanız gerekmez. Kendinizi olduğunuz gibi kabul edersiniz. Kendinizin bütünüyle kabulü, başkalarının da olduğu gibi kabulüdür. Başkalarını değiştirmeye çalışmaz, kendi bakış açınızı dayatmazsınız. Diğer insanların inançlarına saygı duyarsınız. Bedeninizi, insanlığınızı, bedeninizin bütün güdüleriyle birlikte kabul edersiniz. Hayvan olmanın yanlış bir tarafı yoktur. Bizler hayvanız, hayvanlar her zaman güdülerini izler. Bizler insanız. Böylesine zeki olduğumuz için güdülerimizi bastırmayı öğreniyoruz; yüreğimizin sesini dinlemiyoruz. Bedenimize aykırı davranmamızın, bedenin gereksinimlerini bastırmaya çalışıp varlıklarını yadsımanın nedeni bu. Bilgelik bu değil.

Bilge haline geldiğinizde bedeninize, zihninize, ruhunuza saygı gösterirsiniz. Bilge haline geldiğinizde yaşamınızı yöneten yüreğiniz olur, kafanız değil. Kendi mutluluğunuzu ya da sevginizi köstekleme olursunuz. Ne kendinizi suçlarsınız ne başkalarını. Ne kendinizi yargılarsınız ne de başkalarını. O andan başlayarak sizi mutsuz etmiş, savaşmaya itmiş, yaşamınızı zorlaştırmış ne kadar inanç varsa kaybolur gider.

Ne olmadığınıza ilişkin bütün görüşleri bir yana bırakın, gerçekte neyseniz o olun. Kendinizi doğanıza, gerçekte kimseniz ona teslim ettiğinizde acınız sona erer. Gerçek size teslim olduğunuzda Yaşama, Tanrı'ya teslim olursunuz. Kendinizi bıraktığınızda savaş kalmaz ortada, direnç kalmaz, acı kalmaz.

Bilge olduğunuzda hep kolay yoldan gider, her kimseniz o olursunuz. Acı çekmek Tanrı'ya direnmekten başka şey değildir. Ne kadar direnirseniz o kadar acı çekersiniz. Bu kadar basit.

Bir günden ötekine Düşten uyanıp bütünüyle sağlığınıza kavuştuğunuzu hayal edin. Ne yaralarınız kalmış, ne de duygusal zehir. Yaşayacağınız özgürlüğü canlandırın. Nereye giderseniz gidin, sadece canlılığıyla her şey sizi mutlu edecek. Neden? Çünkü sağlıklı insan sevgisini ifade etmekten korkmaz. Yaşamaktan korkmuyorsunuz, sevmekten korkmuyorsunuz. Yaralar ve duygusal bedeninizdeki zehirden kurtulduğunuzda hayatınızı nasıl yaşayacağınızı, yakınlarınıza nasıl davranacağınızı hayal edin.

Dünyadaki gizem okullarında buna verilen ad, uyanmadır. Günün birinde uyanıp duygusal yaralarınızın artık varolmadığını görmek gibidir. Duygusal bedeninizdeki bu yaralar olmadığında sınırlar ortadan kalkar, inanç sisteminize göre değil, olduğu gibi görmeye başlarsınız her şeyi.

Gözlerinizi açtığınızda, yaralardan kurtulduğunuzda bir kuşkucuya dönüşürsünüz. Herkese ne kadar zeki olduğunuzu söyleyip kişisel öneminizi artırmak ya da bütün o yalanlara inananlarla alay etmek için değil. Hayır, uyandığınızda kuşkucuya dönüşürsünüz, çünkü Düşün gerçek olmadığını açıkça görürsünüz. Gözlerinizi açar, uyanırsınız. Her şey açıklığa kavuşur.

Uyandığınızda geriye dönüşü olmayan bir adım atar, dünyayı bir daha asla aynı şekilde görmezsiniz. Düş görmeye devam edersiniz -düş, bir zihin işlevi olduğu için düş görmeye engel olamazsınız- ama artık bunun bir düş olduğunu bilirsiniz. Bunu bilerek düşten zevk alır ya da acı çekersiniz. Seçim sizindir.

Uyanmak, sizin dışınızdaki binlerce konuğun sarhoş olduğu bir partide olmak gibidir. Partideki tek ayık insan siz olursunuz. Bu uyanıştır. Çünkü gerçek, çoğu insanın dünyayı duygusal yaraları, duygusal zehirleri ardından algılıyor olmasıdır. İnsanların çoğu bir cehennem düşünde yaşadıklarının bilincinde değil, balığın suda yüzüp yaşadığı yerin su olduğunu bilmemesi gibi bir düşte yaşıyor olduğunun ayırdında değil.

Uyandığımız, herkesin sarhoş olduğu partinin tek ayık kişisi haline geldiğimizde biz de bu yoldan geçmiş olduğumuz için insanlara şefkat duyabiliriz. Cehennemdekileri bile yargılamaya gerek duymayız. Biz de orada değil miydik?

Uyandığınızda yüreğiniz Ruhun, Sevginin, Yaşamın ifadesi haline gelir. Sizin Yaşam olduğunuz bilincidir uyanmak. Yaşam olan güç olduğunuz bilincine uyandığınızda her şey mümkündür. Her an mucizelerle dolar, çünkü yürektir mucizeleri yaratan. Yürek insan Ruhuyla doğrudan bağlantıdadır. Yürek konuştuğunda kafa karşı bile çıkacak olsa içinizde bir şey değişir; yüreğiniz başka bir yüreği açar, gerçek sevgi yaşanır olur.

Yapayalnız olan Tanrı Brahma üzerine eski bir Hint öyküsü vardır. Öykü Brahma'dan başka hiçbir şeyin varolmadığını anlatır. Sıkıntıdan ölür Tanrı. Bir oyun oynamaya karar verir. Ama oyunu kendisiyle birlikte oynayacak hiç kimse yoktur. Böylece güzel bir Tanrıça olan Maya'yı yaratır. Bütün amacı biraz eğlenmektir. Maya var edildiğinde Brahma ona amacını söyler. "Tamam" der Tanrıça, "Oyunların en güzelini oynayalım ama sana söyleyeceklerimi yapacaksın." Brahma kabul eder ve Maya'nın talimatıyla bütün evreni yaratır. Güneş ve yıldızları, ay ve gezegenleri yaratır. Sonra sıra yeryüzündeki yaşama gelir. Hayvanlar, okyanuslar, her şey yaratılır.

Maya, "Yarattığın bu yanılsama dünyası ne kadar güzel" der, "Şimdi de yarattıklarını takdir edebilecek kadar zeki bir hayvan yaratmanı istiyorum." Böylece Brahma son olarak insanı yaratır. İşi bittiğinde Maya'ya oyunun ne zaman başlayacağını sorar.

"Hemen şimdi" diye yanıtlar Tanrıça. Brahma'yı alır, binlerce küçücük parçaya ayırır. Her bir insanın içine bir parçasını koyar ve "Oyun başlasın!" der; "Ben sana kim olduğunu unutturacağım, sen de kendini bulmaya çalışacaksın!" Maya Düşü yaratır ve Brahma bugün hala kim olduğunu anımsamaya çalışır. Brahma orada, içinizde, Maya ise sizi kim olduğunuzu hatırlamaktan alıkoyuyor.

Düşten uyandığınızda yeniden Brahma haline gelir, kutsallığınızı geri istersiniz. İçinizdeki Brahma, "Pekala, ben uyandım; geri kalanıma ne olacak?" diye sorduğunda Maya'nın oyununu bilir, gerçeği uyanacak olan başkalarıyla paylaşırsınız. Partide iki ayık insan daha çok eğlenir. Üç ayık insanla daha da iyi olur. Kendinizle başlayın. O zaman diğerleri de değişmeye başlayacak ve bütün düş, partideki herkes uyanacaktır.

Hindistan'ın, Tolteklerin, Hıristiyanların, Yunanlıların, dünyanın bütün toplumlarının öğretileri aynı gerçekten kaynaklanır. Hepsi de Kutsallığınızı geri istemenizden ve içinizdeki Tanrıyı bulmaktan söz eder. Söyledikleri, yüreğinizi bütünüyle açmanız, bilgeye dönüşmenizdir. Bütün insanların yüreklerini açıp içlerinde sevgiyi buldukları bir dünyanın nasıl olacağını hayal edebiliyor musunuz? Bunu elbette yapabiliriz. Herkes kendi yolunu izleyerek yapabilir. Söz konusu olan, dayatılan bir düşünceyi izlemek değildir; kendinizi bulmak, kendi özel yolunuzdan ifade etmektir. İşte bunun için sanattır yaşamınız. Toltekler "ruh sanatçısı" der. Toltekler kendilerini yürekleriyle ifade edebilenler, koşulsuzca sevebilenlerdir.

Canlısınız, çünkü elinizde Yaşam demek olan Tanrı gücünü tutuyorsunuz. Yaşam olan güçsünüz, ama zihin düzeyinden düşünebildiğiniz için gerçekte ne olduğunuzu unutuyorsunuz. O zaman da başka birisini görüp "Tanrı orada. Her şeyden o sorumlu. Beni Tanrı kurtaracak" demek kolay oluyor. Hayır. Tanrı'nın size, içinizdeki Tanrı'ya bütün söyleyeceği, uyanması, seçimini yapması, sevgiden artık korkmayacak hale gelene dek korkuları üzerinde çalışıp değişme cesaretine sahip olmasıdır. Sevme korkusu insanların en büyük korkularından biridir. Neden? Gezegen Düşünde kırık bir yürek, kendine acıma anlamına geldiği için.

Belki, "Gerçekte Yaşam ya da Tanrı'ysak neden bilmiyoruz?" diye soruyorsunuz kendinize. Bilmemeye programlandığımız için. Bize "Siz insansınız, sınırlarınız da şunlar" diye öğretildi. Sonra da olanaklarımızı korkularımızla sınırladık. Siz, olduğunuza inandığınızsınız. İnsanlar güçlü sihirbazlardır. Olduğunuza inandığınızda inandığınız gibi olursunuz. Bunu yapabilirsiniz, çünkü siz Yaşam, Tanrı, Niyet'siniz. Şimdi, şu anda neyseniz kendinizi o kılma gücünüz var. Ama gücünüzü yöneten mantıklı zihniniz değil; inancınız.

Görüyorsunuz, her şey inanca bağlı. Neye inanırsak varlığımızı, hayatımızı o yönetir. Yarattığımız inanç sistemi, kendimizi içine yerleştirdiğimiz küçük bir kutu gibidir. İçinden çıkamayız, çünkü içinden çıkamayacağımıza inanırız. Budur durumumuz. İnsanlar kendi sınırlarını, sınırlamalarını yaratır. İnsan olarak neyin olanaklı neyin olanaksız olduğunu söyler ve söylediğimize inandığımız için bunu gerçeğimiz kılarız.

Toltek kehanetleri, insanların kendi inançlarının, kendi yaşamlarının sorumluluğunu üsteleneceği yeni bir dünyanın, yeni bir insanlığın başlangıcını öngördü. Kendi *gurunuz*, kendi yol göstereniniz haline geldiğinizde zaman gelmiş olacak. Tanrı İradesinin ne olduğunu size söyleyecek başka insanlara ihtiyacınız yok. Şimdi artık hiçbir aracı olmaksızın Tanrı ile yüz yüzesiniz. Tanrı'yı arıyordunuz. İçinizde buldunuz. Tanrı artık dışınızda bir yerlerde değil.

Yaşam olan gücün içinizde olduğunu bildiğinizde kendi Kutsallığınızı kabul edersiniz ama yine de alçakgönüllü olursunuz. Çünkü aynı Kutsallığı herkeste görürsünüz. Her şey Tanrı tezahürü olduğu için O'nu anlamanın ne kadar kolay olduğunu görürsünüz. Beden ölür, zihin çözünür, siz değil. Siz ölümsüzsünüz. Milyonlarca yıldır farklı biçimlerde varolmaktasınız. Çünkü Yaşamsınız ve Yaşam ölmez. Ağaçlardasınız siz, kelebeklerde, balıklarda, havada, ayda, güneşte. Nereye giderseniz gidin, oradasınız, kendinizi bekliyorsunuz.

Bir tapınaktır bedeniniz, Tanrı'nın yaşadığı canlı bir tapınak. Zihniniz, Tanrı'nın yaşadığı canlı bir tapınaktır. Tanrı içinizde Yaşam olarak yaşar. Tanrı'nın içinizde yaşadığının kanıtı canlı oluşunuzdur. Yaşamınızdır kanıt. Zihninizde elbette çöp ve duygusal zehir vardır, ama Tanrı aynı zamanda oradadır.

Tanrı'ya, aydınlanmaya, uyanışa ulaşmak için herhangi bir şey yapmanıza gerek yok. Sizi elinizden tutup Tanrı'ya götürecek kimse yok. Kim sizi Tanrı'ya ulaştıracağını söylüyorsa yalan söylüyor, çünkü siz zaten oradasınız. Yalnızca tek bir yaşayan varlık var ve isteyin ya da istemeyin, karşı çıkın ya da çıkmayın çabasızca Tanrı'yla zaten birliktesiniz.

Geriye yaşamınızdan zevk almak, canlı olmak, içinizdeki olanca sevgiyi açıkça paylaşacak hale gelene dek duygusal bedeninizi iyileştirmek kalıyor.

Sizi bütün dünya sevebilir ama sizi mutlu edecek olan bu sevgi değildir. Sizi mutlu edecek olan, içinizden gelen sevgidir. Değişim o sevgiyle gelir, herkesin size duyduğu sevgi ile değil. Sizin herkese sevginiz, ilişkide sizin payınıza düşen yarınızdır; diğer yarı ağaç, köpek, bulut olabilir. Siz bir yarısınız, diğer yarı sizin algıladığınız. Düşçü olarak siz bir yarısınız, düş ise diğer yarı.

Sevmekte özgürsünüz. Her zaman. Eğer bir ilişkideyseniz ve eşınız de aynı oyunu oynuyorsa ne mutlu! İlişkiniz cehennemden bütünüyle çıktığında kendinizi öylesine çok seveceksiniz ki birbirinize ihtiyacınız kalmayacak. Kendi iradenizle bir araya gelip güzelliği yaratacaksınız. İkinizin birlikte yarattığı ise bir cennet düşü olacak.

Korku ve kendini dışlamanın şimdiden üstesinden geldiniz. Şimdi öz sevgiye dönüyorsunuz. Öylesine güçlü olabilirsiniz ki kişisel düşünüzü öz sevginizle korkudan sevgiye acıdan mutluluğa dönüştürebilirsiniz. İşte o zaman tıpkı güneş gibi ışır, sevginizi koşulsuzca sunarsınız. Koşulsuzca sevdiğinizde insan siz ve Tanrı siz içinizden akan Yaşam Ruhu ile birleşir. Yaşamınız Ruhun güzelliğinin ifadesi haline gelir. Yaşam düşten başka bir şey değildir. Yaşamınızı Sevgiyle yaratacak olursanız düşünüz bir başyapıta dönüşür.

Dualar

Bir an gözlerinizi kapayın, yüreğinizi açın ve yüreğinizden gelen olanca sevgiyi hissedin.

Yaradanımızla bir oluşu deneyimlemek üzere özel bir duada bana katılmanızı istiyorum.

Dikkatinizi yalnızca onlar varmışçasına ciğerlerinize odaklayın. Ciğerleriniz insan bedeninin en büyük gereksinimi olan nefesi almak için genişlerken yaşadığınız zevki duyumsayın.

Derin bir soluk alın ve havanın ciğerlerini dolduruşunu hissedin. Havanın sevgiden oluştuğunu hissedin. Havayla ciğerlerin bir sevgi bağı olan ilişkisinin ayırdına varın. Bedeniniz havayı dışarı çıkarma gereksinimi duyana dek ciğerlerinizi genişletin. Soluk alırken duyumsadığınız zevki hissedin. İnsan bedeninin herhangi bir gereksinimini karşılamak bize zevk verir. Solumak zevk verir. Yalnızca solunum bile her an mutlu olmamız, hayatın tadına varmamız için yeterlidir. Canlı olmak yeterlidir bunun için. Yaşamanın, sevgi duygusunun zevkini hissedin.

FARKINDALIK DUASI

Bugün, Evrenin Yaratıcısı, senden yüreklerimizi ve gözlerimizi açmanı istiyoruz ki bütün yarattıklarından sevinç duyalım, seninle sonsuz bir sevgi içinde yaşayalım. Seni gözlerimizle, kulaklarımızla, yüreğimiz ve bütün duyularımızla algıladığımız her şeyde görmemize yardım et. Sevginin gözleriyle görmemizi sağla ki nereye gidersek seni bulalım, yarattığın her şeyde seni görelim. Seni bedenimizin her hücresinde, zihnimizin her duygusunda, her düşte, her çiçekte, karşılaştığımız her insanda görelim. Bizden saklanamazsın, çünkü sen her yerdesin, biz ise biriz seninle. Bu gerçeğin bilincinde olalım.

Her şeyin mümkün olduğu bir cennet düşü yaratma gücümüzün bilincinde olalım. Yaşamımızın düşüne rehberlik etmesi için düş gücümüze, yaradılışımızın sihrine yardım et. Yardım et, korkusuz, öfkesiz, kıskançlık ve haset olmaksızın yaşayalım. Bize izleyeceğimiz bir ışık ver. Bugünü sevgi ve mutluluk arayışımızın sona erdiği gün kıl. Bugün yaşamımızı sonsuza dek değiştirecek olağanüstü bir şey olsun. Yaptığımız ve söylediğimiz her şey, yüreğimizin her zaman sevgiye dayalı güzelliğinin bir ifadesi olsun.

Olduğun gibi olmamıza, sevdiğin gibi sevmemize, paylaştığın gibi paylaşmamıza, bütün yaratılarının güzellik ve sevginin başyapıtları olduğu gibi bizim de bir güzellik ve sevgi başyapıtı yaratmamıza yardım et. Bugünden başlayıp zaman içinde çoğalarak artır sevgimizin gücünü. Artır ki bir başyapıt yaratabilelim; kendi yaşamımızı. Bugün, Yaratan, bize Yaşam veren sana şükran ve sevgimizi sunuyoruz. Amin.

ÖZ SEVGİ DUASI

Bugün, Evreni Yaratan, bize kendimizi yargılamaksızın olduğumuz gibi kabul etmemize yardım etmeni diliyoruz. Zihnimizi bütün duygularımız, düşlerimiz, kişiliğimiz, eşsiz varlığımızla olduğu gibi kabul etmemize yardım et. Bedenimizi bütün güzelliği ve kusursuzluğuyla olduğu gibi kabul etmemize yardım et. Kendimize duyduğumuz sevgiyi öylesine güçlendir ki bir daha hiç dışlamayalım varlığımızı, mutluluk, özgürlük ve sevgimizi baltalamayalım.

Bu andan başlayarak her bir eylemimiz, tepkimiz, düşünce ve duygumuz sevgiye dayansın. Öz sevgimizi yaşamımızın bütün düşünü korku ve dramdan sevgi ve sevince dönüşene dek çoğaltmamıza yardım et Yaradan. Öz sevgimiz inanmaya programlandığımız bütün yalanları parçalayacak kadar güçlü olsun. Bize iyi, güçlü, zeki olmadığımızı söyleyen bütün yalanlar dağılıp gitsin. Öz sevgimiz öylesine güçlensin ki hayatımızı başkalarının görüşlerine göre yaşamayalım. Yapmamız gereken seçimleri yapabilecek güveni duyalım kendimize. İnancımız kendimize olsun. Öz sevgimizle yaşamımızda hiçbir sorumlulukla, sorunla karşılaşmaktan korkmayalım. Ne yapmak istiyorsak bize öz sevgimizin gücüyle yaptır.

Bugünden başlayarak kendimizi öylesine sevmemize yardım et ki bir daha asla bize karşı işleyecek koşullar yaratmayalım. Hayatımızı başkaları tarafından kabul edilmek için başka birisiymiş gibi davranmaksızın kendimiz olarak yaşayabiliriz. Ne olduğumuzu bildiğimiz için başkalarının bizi kabul etmesine ya da ne kadar iyi olduğumuzu söylemelerine artık ihtiyacımız yok. Öz sevgimizin gücüyle aynada gördüğümüzü sevinçle karşılayalım. Yüzümüze iç ve dış güzelliğimizi çoğaltan büyük bir gülümseme yerleştir. Yardım et, öylesine yoğun bir öz sevgi olsun ki duyduğumuz, kendi varlığımızı her zaman sevinçle yaşayalım.

Kendimizi yargılamaksızın sevelim. Çünkü yargıladığımızda suçlama ve suçlulukla dolar içimiz, cezalandırma ihtiyacı duyar, sevgimizin görüşünü yitiririz. Kendimizi şu anda bağışlayacak kadar güçlendir irademizi. Zihinlerimizi duygusal zehir ve kendini yargılamadan arındır, mutlak bir barış ve sevgi içinde yaşayabilelim.

Öz sevgimizi yaşamımızın düşünü değiştiren güç kıl.

Yazar Hakkında

Don Miguel Ruiz, Toltek Bilgeliği geleneğinin bir ustasıdır. Eşsiz bilgi birikimini workshop, konferans ve Meksika'da rehberlik ettiği Teotihuacan gezileriyle paylaşır. "Piramit şehir" olarak bilinen bu yer, Toltekler tarafından "İnsanın Tanrı Olduğu Yer" diye de tanımlanır. Bu şehirde don Miguel, eski duru görücülerin, gerçeği arayanlara bilinçlerini yükseltirken rehberlik etmesi için açtıkları yolu takip ediyor.

Daha fazla bilgi için:
SIXTH SUN
Journeys of the Spirit
P.O. Box 1846
Carlsbad, CA 92018-1846
(800) 294-3203
www.miguelruiz.com

YAYINEVİNİN NOTU: Yazarın *Dört Anlaşma* adlı yapıtı Nil Gün'ün Türkçesiyle yayınlarımız arasında yayınlanmıştır.

Sonsuzluğun ötesi içinizdedir

ÇIKAN KİTAPLAR

- TANRI İLE SOHBET - 1
- TANRI İLE SOHBET - 2
- TANRI İLE SOHBET - 3
- RUHUN YASALARI
- RUHUN FISILTISI
- TEMBELİN AYDINLANMA REHBERİ
- HAYAL MÜHENDİSLİĞİ
- ÜÇ DAKİKALIK MEDİTASYON
- ELLERİNİZİN İYİLEŞTİRİCİ GÜCÜ
- SESSİZLİĞİ DİNLEMEK
- ÖNSEZİ
- IŞIK ELÇİLERİ
- BİLİNÇALTININ GÜCÜ
- DÖRT ANLAŞMA
- FENG SHUI
- PRATİK BİLİNÇ
- PLEIADES ÖĞRETİLERİ-1
- FARKINDALIĞIN IŞIĞI
- NEFES

Kuraldışı Yayınlarından Çıkan Ruhsal Gelişim Kitapları

- DİNGİN SAVAŞÇI
- GİZEMCİ CİNSELLİK
- HARLEY'LE GELEN TANRI
- HİPNOZ VE MEDİTASYON

KURALDIŞI

HİPNOMEDİTASYON KASETLERİ

Subliminal (bilinçaltı eşiği) mesajları ile

Hazırlayan: Nil Gün

STRES

Günümüzde stres her insanın sorunu. Stres ruhta can sıkıntısı, zihinde karmaşa, endişe, korku, bedende yorgunluk, uykusuzluk, değişik hastalıklar yaratıyor.

Bu kasedi işyerinde, evde, kendinizi stres altında hissettiğiniz herhangi bir anda kullanabilirsiniz. Stres meditasyonunun bitiminde kendinizi dinç, canlı ve rahat hissedeceksiniz. Önemli bir görüşmeden, toplantıdan, karar verme aşamasından önce yapılan stres meditasyonu size büyük ölçüde yararlı olacaktır. Gününüzün verimliliği artacaktır.

Düzenli, her gün yapılan meditasyonun ruh/zihin/beden sağlığınıza olumlu etkisi vardır.

Kendinize her gün zaman ayıracak kadar değerlisiniz.

ÇAKRA

Çakra meditasyonu, bedeninizdeki enerji tıkanıklıklarının açılmasını, çakra merkezlerinin uyarılmasını, yaşam enerjisinin bedeninizden kolaylıkla akmasını amaçlıyor.

Sanskrit dilinde "Yaşam Tekerleği" anlamına gelen çakraların açık olmaması, bedenin hormonal düzenini etkiler. Bedensel, duygusal, zihinsel ve ruhsal hastalıklara neden olur. Açık olması halinde, kendimizi daha canlı, enerjik, sağlıklı ve mutlu hissederiz. Bilinç düzeyimiz genişler, iç ve dış dünyamız uyumlu hale gelir.

Çakra meditasyonunu, günlük meditasyon olarak yaptığınızda algılama kapasitenizin artışına kısa bir sürede tanık olacaksınız. Meditasyon artık "yapılan" bir şey olmaktan çıkacak zihininizin doğal hali olarak "kendiliğinden" bir süreklilik kazanacaktır.

SİGARAYI BIRAKMAK

Sigarayı bırakmak istiyor ama bir türlü bırakamıyorsunuz. Hipnomeditasyon sigarayı bırakmak için etkin bir yoldur.

Hipnomeditasyon yardımıyla bırakılan sigarada kilonuzu koruyacaksınız. Çünkü sigaranın yerine yiyeceği koyma ihtiyacını duymayacaksınız. Akciğerleriniz, kalbiniz, dolaşım sisteminiz size teşekkür edecektir. Nefesiniz daha temiz olacaktır. Kendinizi daha sağlıklı, daha güvenli ve çok daha mutlu hissedeceksiniz. Arkadaşlarınız ve sevdikleriniz sizdeki değişimin yalnızca sigarayı bırakmakla sınırlı olmadığını görecek ve mutlu olacaklardır.

Tüm bunların olacağına inanmakta güçlük çekiyorsanız deneyin. Uygulayın. Sonuçları görün.

Sigaraya harcadığınız paranın cebinizde kar kalması da cabası.

SAĞLIKLI ZAYIFLAMAK

Kaç kez değişik diyetleri denediniz? Karın gurultusu ve iradeniz sonucu belki amacınıza ulaştınız. İstediğiniz kiloya indiniz. Artık normal herkes gibi yiyebilirdiniz. Yediniz... ve birkaç hafta ya da ay içinde tüm kaybettiğiniz kiloları yine aldınız...

Aşırı yemenin nedenlerini düşünmeden yiyeceğinizden keserek verilen kilolar kalıcı olamaz.

Sorununuz metabolizmanızda değil, bilinçaltınızda. Bilincinizle bedeninizi yiyecekten mahrum edip kilo kaybedebilirsiniz. Ama diyete son verdiğiniz gün, bilinçaltınız kontrolu eline alacaktır. Çünkü bilinçaltı zihin, bilinçli zihinden çok daha güçlüdür.

Kilonuzu belirleyen, mideniz değil bilinçaltınızdır. Kilo konusunda size kalıcı etki yapan hiçbir özel ilaç ya da diyet yoktur. İnce beden, ince düşüncelerle başlar. Sağlıklı bedenin sağlıklı düşüncelerle başladığı gibi.

Ancak bilinçaltınızı doğru programlayarak ve dost görerek yaşamınızda kalıcı değişimler yaratabilirsiniz. İdeal kilonuza ulaşmanız doğal, kalıcı, kolay ve sağlıklı olacaktır.

SINAV STRESİNİ YENMEK

Herkes sınav öncesinde heyecan duyar. Sınav korkusunu, stresini yenmek, sınava hazırlıklı olmak kadar önemlidir. Ve onu yenmek sizin elinizde.

Kasetin A yüzünü sınavdan birkaç gün önce dinlemeye başlayın. Özellikle sınavdan bir önceki akşam uykuya dalmadan önce ve sınav sabahı dinlemeniz önerilir.

Kasetin B yüzünü ders çalışırken, konsantrasyonunuzu artırmak ya da kaygılarınızdan arınmak istediğiniz her an dinleyebilirsiniz. Kasetin bu yüzü bilinçaltınıza yönelik subliminal mesajlardan oluşuyor. Doğa sesleri ve müziğin içine "gizlenmiş" olumlu telkinlerin tümünü bilinçaltınız algılayacaktır.

SAĞLIKLI HAMİLELİK VE DOĞUM

Sağlıklı hamilelik ve kolay doğum hem anne hem bebek sağlığı için önemlidir. Hamilelik boyunca annenin yaşadığı duyguların, bebeğin gelişimini etkilediği biliniyor.

Kasetimizde kullanılan fon müziği doğumu kolaylaştırıcı etkisi olduğu bilinen, beklerle sonik iletişim kurduğu düşünülen yunus sesleri ağırlıklı olmak üzere, kalp atışı, okyanus dalgaları, kuartz kristalleri ve om sesinin ritmik karışımından oluşuyor.

Kasetin A yüzünü hamileliğin her anından itibaren dinleyebilirsiniz.

Kasetin B yüzünü doğum esnasında dinlemeniz, bilinçaltınızın işbirliğiyle bebeğinizin dünyaya gelişini kolaylaştıracaktır. Doğumdan sonra kasetinizin bu yüzünü bebeğinizi emzirirken ya da uyuturken dinlemeniz sizi ve bebeğinizi rahatlatacaktır. Doğal müziğin içine "gizlenmiş" olumlu, sağlıklı telkinlerin tümünü bilinçaltınız algılayacaktır.

Sonsuzluğun ötesi içinizdedir

ÖZGÜVEN

- Kendi davranış kalıplarınızın farkında olmak ve başkalarının üzerindeki etkiyi gözlemleyebilmek.
- Otomatikman tepkilerinizin farkında olarak, tepkilerinizi yerinde ve zamanında gösterme yetisi kazanmak.
- İletişimin değişik yollarını bilinçlice deneyimlemek.
- Çelişkilerle yüzleşebilmek.
- Kontrolcü baskı ve otoriteyi reddedebilmek.
- Duygularınızı içtenlikle ifade edebilmek ve başkalarının duygularına sağlıklı tepkiler verebilmek.
- Empati geliştirmek.
- Gerçekten "haklı" olduğunuz durumlarda, çoğunluk size karşı olsa bile etkin olabilmek.
- Tepkiselliğiniz yüzünden "haklı" iken "haksız" konuma düşmemeyi öğrenmek.
- Olumlu "feedback" verebilmek.
- İlk kez karşılaştığınız insanlarla "merhaba" dedikten sonra iletişim kurabilmek.
- "Hayır" demek istediğinizde "hayır" diyebilmek.
- "Evet" demek istediğinizde "evet" diyebilmek.

Grup dinamiği oyunları ile özgüveninizi süreç içinde kazanacağınız bu bireysel gelişim workshopu, bir deneyimsel farkındalık çalışmasıdır.

İLİŞKİ (KADIN-ERKEK)

BEKARSANIZ;

- Bu kez farklı olacak diye başladığınız ilişkilerinizin sonu hep hüsran mı oluyor?
- Karşı cinsle iletişim kurmakta güçlük çekiyor musunuz?
- Kadınları/erkekleri anlamak mümkün değil diye mi düşünüyorsunuz?
- Aşk, tutku, alışkanlık ve sevgi arasındaki farkı biliyor musunuz?
- Kadınlar/erkekler konusunda şanssız olduğunuzu mu düşünüyorsunuz?
- Geçmiş ilişkilerinizdeki partnerlerinizin hep ortak özellikleri var mı?

EVLİ YA DA BİRLİKTEYSENİZ;

- Eşinizle/sevgilinizle birlikteliğiniz monotonlaştı mı?
- Partneriniz tarafından anlaşılmadığınızı mı düşünüyorsunuz?
- Partneriniz yaşamınızda bir boşluk mu dolduruyor?
- "Mutlu aşk yoktur" sözüne inanıyor musunuz?
- Birlikteliğin temeli olarak gördüğünüz şeylerin her insan için farklı olduğunu hiç düşündünüz mü?
- Evlilik/birliktelik içinde yalnızlık duyuyor musunuz?

ÖZETLE;

- Sevgiyi yaşamanızı engelleyen şeyin, takılan maskeler, benimsenen roller ve imajlar olduğunu biliyor musunuz?
- Siz karşı cins olsaydınız, kendinizi eş ya da sevgili olarak seçer miydiniz?

  Bir kadınla bir erkeğin ilişkiyi başlatması kolaydır. Sorunlar ilişkiyi sürdürmekte çıkar. Çünkü karakter, kişilik ve gereksinim farklılıkları zaman içinde sorun yaratır.

  Sağlıklı birliktelik bilgi, bilinç ve emek ister.

  Bakış açınızı değiştirmeye hazırsanız ve ilişkilerinizde kendiniz olmaya cesaretiniz varsa bu workshopa katılmaya da hazırsınız demektir.

İLETİŞİM

- NEDEN bazı insanlara anında kanınız kaynıyor ama en sevdiğiniz arkadaşınızın arkadaşı ilk tanışmanızda sizi rahatsız ediyor?* NEDEN bir çocuğunuza kendinizi yakın hissederken diğerine aynı duyguyu hissedemiyorsunuz?
- NEDEN ilk bakışta aşık olduğunuz insan bir süre sonra, sizi ilk anda çeken özellikleri yüzünden itici hale geliyor; bonkörlüğü müsriflik, rahatlığı sorumsuzluk, kendine güveni ukalalık oluyor?
- NEDEN başka şirkette çalışırken bin bir zahmetle kadronuza aldığınız eleman, şimdi size hiçbir işe yaramadığı duygusunu veriyor?
- NEDEN yıllardır en derin sırlarınızı paylaştığınız dostunuzla artık iletişimin koptuğunu hissediyorsunuz?

NEDEN? NEDEN? NEDEN?

İş, aşk ve arkadaşlık boyutlarında ilişkiyi başlatmanın ne denli zor olduğunu herkes deneyimlemiştir.

Diyelim ki siz çok kolay başlatıyorsunuz. Ya sürdürmesi?

Evet; sağlıklı bir iletişim için karakter (doğuştan getirdiğimiz) ve kişilik, (aile, okul, çevre vb. etkisiyle sonradan edindiğimiz) uyumu son derece önemlidir.

Özetle; sağlıklı bir iş, evlilik-birliktelik ve arkadaşlık ilişkisi oluşturmak zordur. Ama bu ilişkiyi oluşturamamanın ağır bir bedeli var: yanlış anlaşılmak, anlaşılmamak, aldatılmak, başarısızlık ve YALNIZLIK.

Anlaşılmamaktan mı şikayetçisiniz?

Siz hiç başkalarını anlamayı denediniz mi?

Ya onların bakış açısından görmeyi?

Bu workshopa katılın ya da katılmayın; seçim sizin.

Tıpkı yaşamınızı başkalarının eline teslim etmekle, yaşam geminizin kaptanı olmak arasında yaptığınız seçim gibi, mucizeleri bekleyin! Ya da mucizeleri yaratın!

KENDİN OLMAK

Fiziksel, duygusal, zihinsel ve ruhsal boyutlarıyla insan bir bütündür. Bu boyutlardan sadece birinde bile dengeyi sağlayamazsa mutsuz olur... Mutsuzluğunun nedeninin de kendisini tanımamaktan kaynaklandığının farkına varmaz. İnsan, yaşamı boyunca karşısına çıkan olaylar, insanlar, koşullar sayesinde deneyimler kazanarak kendini tanıma (olgunlaşma) yolunda ilerler. Yaşlıların, "şimdi bildiklerimi keşke gençlik yıllarında bilseydim" diye yakındıklarını duyarız. Bu, onların eğer yaşamlarını yeni baştan yaşama imkanı olsaydı tercihlerini farklı şekillerde yapacaklarının göstergesidir.

Yani kendini tanımanın (olgunlaşmanın) bedeli uzun yıllar, hatta tüm bir ömürdür. Uzun ömrün bile olgunlaşmayı garantilemediği sıkça görülen bir gerçek. İnsanlar bedensel yetişkinliğe zamanla ulaşıyorlar ama ya ruhsal yetişkinliğe?

Kendini tanıma workshopu 80 saate sığdırılmış "Hayatın Özet Panoraması"dır.

İnsan bilincinde ve bilinçaltında var olanları dört maddeye ayırabiliriz.

1. Bireyin hem kendisinin hem başkalarının bildiği şeyler.
2. Kendisinin bildiği ama başkalarının bilmediği şeyler.
3. Kendisinin farkında olmadığı ama başkalarının farkında olduğu şeyler.
4. Ne kendisinin ne de başkalarının farkında olduğu şeyler

(olumlu ya da olumsuz)

İşte, uygulamalı zihinsel, duygusal ve ruhsal egzersizler dizisinden oluşan workshop, özellikle 3. maddenin çoğu ile 4. maddenin bir kısmını bireyin bilincine çıkarmayı amaçlıyor.

İnsanlara "Kendinizi tanıyor musunuz?" diye sorduğumuzda çoğunun vereceği yanıt genellikle, "tabii ki tanıyorum" olur. Oysa "tanımak" kavramı ile kastedilen, sadece 1. ve 2. maddelerdir.

- Yıllar sonra birikmiş "Keşke"leriniz olmaması için,
- Amaçlı bir yaşam için,
- Daha objektif, tutarlı ve isabetli yaşam seçenekleri için,
- Tepkisel değil etkisel, duygusal değil duyarlı bir insan olmak için,
- Kendinizle barışık olmak, kendinizi olduğunuz gibi sevmeyi öğrenmek için;

öğrendiklerinizi yaşama geçirmeye kararlıysanız bu çalışmaya katılın.

Çünkü değerlisiniz.

ÇOCUĞUNUZUN ÖZGÜVENİNİ GELİŞTİRMEK (ANNE-BABA-ÇOCUK SAĞLIKLI İLETİŞİM)

Anne babalar! Çocuğunuz dört-sekiz yaşlarında ise ve çocuğunuzu sağlıklı bir birey olarak yetiştirmek istiyorsanız bu workshop sizin için.

Çocuğunuzla birlikte katılacağınız bu çalışmada kitapların size öğretemediğini uygulamalı olarak öğreneceksiniz. Kazanacaklarınız:

- Anne baba olarak kendinizi yeterli hissetmenin hazzı.
- Çocuğunuzun özgüveninde büyük artış.
- Çocuğunuzun yaşına ve gelişimine en uygun sağlıklı tepkiyi verebilmek.
- Çocuğunuza gerçek sevgi ve disiplini fedakarlık yapmadan verebilmek.
- Çocuğunuzla aranızdaki doğal yakınlaşma.
- Çocuğunuzu korkuyla değil, sevgi ve güvenle yönlendirmek.
- Çocuğunuza değerlilik ve yeterlilik duygusunu kazandırmak.
- Anne baba olarak değerli ve yeterli olduğunuzu bilmek.
- Çocuğunuzla niceliksel değil, niteliksel zamanı paylaşmak ve yaratıcı paylaşımdan (çocuk ve anne baba) haz almak.
- Ailenizin diğer üyeleriyle sağlıklı iletişimi geliştirmek.
- Anne-baba-çocuk arasındaki farklılıkları kişisel başarısızlık olarak değil, doğal farklılıklar olarak algılamak.

Anne babaların bireysel deneyimlerini paylaşacakları güven, saygı ve sevgiye dayalı bu geliştirici ortamda bilinçli anne baba olarak çocuk yetiştirmenin hazzını ve doyumunu yaşayın.

Her canlı doğurur. Doğurmak, işin en kolay yanı. Ya sonrası? Bilgi, bilinç ve deneyim görev duygusundan hazza doğru giden yolun yapı taşlarıdır. Geleceğin sağlıklı anne babalarını yetiştirmek, sizinle başlıyor. Kendi anne babanızla değil.

NLP

NEURO LINGUISTIC PROGRAMMING

Her şeyin kendiliğinden yerli yerine oturduğu, işlerinizin beklediğinizin ötesinde bir kolaylıkla yoluna girdiği "şanslı" anlarınız oldu mu? İş ya da özel yaşamınızda, ilk tanıştığınız anda içinizin ısındığı kişiler, iletişimde frekanslarınızın tuttuğu anlar oldu mu?

NLP bu tesadüfi anların ardında yatan dinamiği inceleme ve uygulama bilimidir.

NLP bu anların sizin seçiminiz doğrultusunda bilinçli olarak yaratılmasının bilimidir.

NLP ÖĞRENMEK SİZE NE KAZANDIRACAKTIR?

- İş, sosyal ve özel ilişkilerinizde istediğiniz sonuçları yaratmakla büyük adımlar atacaksınız.
- Kendinizin ve başkalarının düşünce süreçlerini anlayabilecek ve başkalarının zihinsel stratejilerini kolaylıkla çözümleyebileceksiniz.
- Fikirlerinizi net ve anlaşılır bir şekilde karşınızdakine aktarabileceksiniz.
- Başkalarının sizi nasıl algıladığının ve en önemlisi kendinizi nasıl ifade ettiğinizin farkındalığını kazanacaksınız.
- Günlük yaşamınızda NLP tekniklerini kullanarak yaşamınızı daha kaliteli hale getireceksiniz.
- NLP tekniklerinin öğrenilmesi ve uygulanması kolay, yarattığı sonuçlar güçlü olduğu için sonuçları anında göreceksiniz.

NLP, iletişim kurmayı arzuladığınız her insanın kendine özgü dilini anlama ve o kişiyle kendi anladığı bireysel dilde iletişim kurabilme sanatıdır.

Edilgen insanın yaşamı tesadüflere bağlıdır.

Etkin insan yaşamını kendisi belirler.

Edilgen insan için anlaşılmak önemlidir.

Etkin insan için anlamak önemlidir.

Edilgen insan "Kimse beni anlamıyor" der.

Etkin insan "Seni anlıyorum" der.

NLP, "etkin insan olmak" sanatıdır.